ハーバード・ビジネス・スクール 教授
ジョージ・セラフェイム＝著
倉田幸信＝訳

PURPOSE +PROFIT

パーパス+利益のマネジメント

ダイヤモンド社

PURPOSE AND PROFIT:
HOW BUSINESS CAN LIFT UP THE WORLD
by
George Serafeim

序論

最初に告白しなければならない。

仕事を始めた頃の私なら、この本を見かけても手に取ることはなかっただろう。「ビジネスは世界を良くしているか」とか、「パーパス（目的）と利益は両立するか」とか、そうしたテーマに興味がなかったわけではない。ただ、そうしたテーマが自分の人生に関係あるとは思っていなかったのだ。私の最初の仕事は保険会社の分析と評価だった。株主に還元できる利益をあげているか、社員に良い暮らしをさせているか、顧客の役に立つ商品を売っているか――そうしたことよりもっと大きな意味で、果たして保険会社がこの地球のために役に立っているのかという問題は、私の最大の関心事ではなかったのである。

私はその仕事でさらに専門性を高めたいと思い、ビジネススクールに行くことにした。

企業価値評価の高度に専門的な部分にどっぷりと浸かり、複雑な金融商品を徹底的に理解するという知的な挑戦は非常に面白かった。博士号を得てハーバード・ビジネス・スクールを卒業したとき、世は大金融危機の時代だった。金融の極めて専門的な部分に関わる私の研究は時流に乗り、その分野で最も権威ある複数の学術誌に私の論文が掲載された。幸運なことに、卒業と同時にトップレベルの大学から〝うちで教えないか〟という声がいくつもかかった。

それでも、何かが足りなかった。

ある日私は、良き友人であるイオアニス・イオアヌと話していた。彼はロンドン・ビジネス・スクールで戦略を教える教授だ。私とはハーバード・ビジネス・スクールの博士課程を共にし、いつか一緒に仕事をしたいと前から話していた。しかし、時間もなければ共通する研究テーマも見つけられず、そのままになっていたのだ。

その日、イオアニスは私に尋ねた。社会により良い影響を与えようと努力している企業について何か知らないか、と。我々は、社員の扱いを改善している企業、汚染を減らしている企業、誠実な行動をしている企業などについて議論を重ねた。そして、こうしたテーマが株主利益に負けないほど重要だと見なされることが滅多にないのはなぜか、と疑問に思った。「ソーシャルグッド（社会善）を意識した企業行動は、その企業のコアミッションから意識を逸らし、いずれ必ず企業業績の足を引っ張ることになる」という見方が広く普及しているが、それを裏付ける実際のデータはあるのだろうか――。

2人でこうした疑問点についてじっくり考えてみたところ、しっかりとした答えを持っていないことに気づいた。イオアニスとの議論で、私は当時やりかけだった自分の仕事についても改めて考えてしまった。それは、本当に私のスキルと知識を最も効果的に使った仕事だといえるのだろうか――。書きかけの論文は大事ではあるが、それが目的意識（センス・オブ・パーパス）を満たすものなのか、確信が持てなかった。もっと大きなことをしたかったのだ。そして、すぐに気づいた。「企業が社会に与える影響」について深く考えれば考えるほど、そうしたテーマが私にとって大事に思えると。

正直に言うと、当時の私はなぜ大きなパーパスを見据えて行動する企業とそうでない企業があるのか、わからなかった。その違いが結果的にどのような差を生むのかも、それを分析するのにどこから手をつけるべきかさえもわからなかった。わかっていたのは、この世界が極めて複雑にできており、企業行動を解き明かそうという取り組みは本質的にややこしいということだった。もう1つわかっていたのは、もしイオアニスと私がこの難題に挑戦する――企業の行動を解き明かし、そこから教訓を得られるか探る――としたら、データの収集に苦労するだろう点だ。その当時、社員の多様性や福利厚生、偶発事故、二酸化炭素排出量、水の消費量、自社製品の手に入れやすさ、などを計量・分析するために必要なデータを公表している企業は極めてまれだったからだ。これは大きな問題だった。こうしたデータなしで、社会における企業の役割を解き明かし、評価することができるのだろうか？

当時なんとか手に入るデータを頼りに、まずは投資家の行動を解き明かしてみることにした。大きなパーパスを見据えて行動している企業の努力を、投資家は評価しているのだろうか――。数千社のデータを分析したところ、ウォール街のアナリストたちは、社会に与える影響をより良くしようと努める企業について、そうでない企業よりネガティブな投資推奨をしていることが証明できた。どうやら投資の世界では、「ある企業がプラスの社会的インパクトを持つことは、その企業の業績がいずれ競合他社に劣後するであろうサインだ」という驚くべき信念がまかり通っているらしい。善行をしたことで経営陣が罰せられるような世界で、我々はどのように生きていけばいいのだろう――。

そもそも、〝企業の善行は業績悪化の兆候〟という予測は正しいのだろうか。仮に正しいとすれば、そこにはどのような因果関係があるのだろうか。企業の善行が本当に将来の業績を悪化させるのだとしたら、我々はそれを現実として受け入れるべきか、それともその現実を変えようと努めるべきか。企業の善行が業績向上につながるような社会にするには、例えばどのような条件が必要なのだろうか――。

この仕事は手強かった。この仕事に真剣に取り組んでいることを他人に納得してもらうのは、もっと手強かった。この仕事をもとに書き上げた論文を一流の学術誌に掲載してもらうのに5年（！）かかった。学界がこうしたテーマをいかに軽視しているかを知って私はショックを受けた。私は資料の精読と実地調査から、こうしたテーマがビジネスに関わる多くの人にとってますます重要になってきていると確信していた。CEO（最高経営責任者）や投資家、従業員、そして、自分がひいきにする企業についてもっと知りたいと願う消費者にとっても――。それなのに、環境問題や社会問題は企業に関わりのある大事なテーマかもしれない、という考え方に対し、ものすごい反発や抵抗を受けたのである。

実業界でも、多くの人がこうしたテーマを〝実体がなくフワフワした問題〟と受け止め、真面目に考えるべきテーマではないと見なした。2011年、私は主立った大手機関投資家の上級投資担当者100人ほどを相手に、自分の研究について話す機会があったが、事後に聞いた参加者の感想はみな同じで、「このようなテーマは自分に関係ない」というものだった。私の披露したデータを詳しく理解したいとか、この研究の先行きを知りたいとか、興味を抱いて質問してくる人は皆無だった。当時の私はテニュア（終身在職権）を得たいと願う大学教員だったので、自分が極めて危ない橋を渡っていると感じていた。なにしろ、この分野は誕生前夜であり、研究論文を学術誌に掲載してもらうのは非常にハードルが高かったからだ。何人かの友人は、私のためを思って助言してくれた。学界での将来と今の仕事を失わないために、「そのテーマはあきらめろ」と。

だが私はあきらめたくなかった。それまでに行ってきた企業・投資家・政策立案者の行動分析と調査により、1つの仮説に到達していたからだ。気候変動、ダイバーシティ（多様性）とインクルージョン（包摂）、商品・サービスの手に入れやすさ、安全性と品質、職場の機会平等――これらに代表される問題は、社会にとって重要であるだけでなく、企業にとっても決定的に重要である、という仮説だ。それを人々に理解させ、この考え方を「フワフワして実体がない」などと簡単に切り捨てられないようにするには、客観的データを繰り返し（そしてたゆみなく）探り出しては分析していく必要がある、とわかっていた。

私は自分のなすべきことに邁進した。それは、企業行動の仕組みを深く理解するために必要な指標と定量的な基盤をつくり上げ、企業の社会への影響の与え方を変えられるよう、彼らが必要とするエビデンスを提供するという仕事だ。同僚とデータ生成を始めると、私の直感が正しかったことが示された。環境問題や社会問題は本当に企業の価値評価や収益性、資本効率などを左右するようになりつつあったのだ。多くの企業、多くの業界、多くの国においてその傾向が見られた。1つの新しい分野が、これら環境・社会・ガバナンス

（ＥＳＧ）問題を中心に形成されつつあり、私が一緒に仕事をしてきた世界中の起業家や専門家、投資家たちからものすごい量のエネルギーが生まれていた。

企業が環境と社会に貢献できるような状況をつくり上げるため、私も積極的に役割を果たしていけるし、そうすべきだ――私はますます確信を深めた。そして、「こうした取り組みに意味はあるのか？」と問いかけるよりも、「こうした問題が最大限の意味を持つようにするには、何が起きればいいのか？」という問題設定のほうがふさわしいと気づいた。問題設定を根本的に変えたことで私の視点も大きく変わり、前向きで意義深い方向へと世界を進めるために、学者・教育者・実践者としての自分の立場を利用することを許せるようになった。

それ以来、私と仕事仲間はこうした問題に対する人々の考え方を抜本的に変えようと、先頭に立って尽力してきた。過去10年の我々の学術論文を見ていただければわかる通り、ＥＳＧの必須項目で実績値を改善してきたパーパス主導型の企業は、競合他社より年３％以上も高い株式リターンを毎年達成している。(注1) 一例に過ぎないが、例えば新型コロナウイルス感染症の大流行時に確固たる取り組みで対応し、顧客・社員・サプライヤーを守ってきた企業は、２０２０年３月の株式市場大暴落を含む1カ月間だけで、競合他社を２％上回る株式リターンを達成した。(注2) 強い印象を与えるデータではあるが、こうしたデータだけが人々の考え方を変えた（そして今も変え続けている）わけではないと知ることも大切だ。社会の大きな変化によって「パーパス」と「利益」の対立が急浮上したこともまた、人々の考え方を変えた一因なのだ。

本書の構成

ここで本書の構成を説明しよう。

「パート1：ニューアラインメント」では、企業の目指すものと社会の目指すものとを、それまでにない形で一致させる要因になった、いくつかのトレンドについて論じる。例えば以下のようなトレンドだ。

- 企業に世界貢献を望む我々の意思を反映して、企業のパーパスはゆっくりと変わりつつある（第1章）。
- 仕事により多くのものを求める社員が増え、取引先企業により多くのものを求める顧客が増えたため、そうした社員や顧客の意識と行動も変わりつつある（第2章）。
- テクノロジーとソーシャルメディア、そして新しいデータ指標のおかげで、我々はかってないほど鮮明に企業行動を〝見える化〟できるようになった。このため、これまでよりはるかに大きな結果責任を企業に課すことができる（第3章）。

●このため、企業はかつてないほど劇的にその行動を変えつつある。自社にプラスの結果を得るために、公共益を提供し、社会的役割を果たすことに力を入れている（第4章）。

「パート2：実行」では、視点を企業・投資家・社員へと移す。前述のような社会トレンドを利用して、彼らがそれぞれのビジネス・投資・生活で大きな変化を起こしていくためにはどうすればいいいか、次のような点を論じる。

●企業が「善行の新しい分析手法」を実際の行動につなげ、社会にプラスのインパクトを与える新しい取り組みを立案するには、どのような戦術が考えられるだろうか（第5章）。

●前述した社会トレンドによって可能になった価値創造の6つの類型について（第6章）。

●投資家の役割について。さらに、投資家が「企業の善行は資本市場で報われ得る」という認識を持つことが、企業に正しい道を歩ませるためにいかに重要であるかについて（第7章）。

- 我々全員が、前述の社会トレンドという新しいレンズを通して商品購入やキャリアを見直し、日々の生活や自分の所属する組織になるべく大きな影響を与えるにはどうすればいいいか（第8章）。

最終的に、読者は社会のこの動きについて深く理解し、こうした考え方を自分の生活や職場で実践していくのに役立つヒントを得られるだろう。本書全体の狙いと各章の役割を図示したのが**図表1-1**だ。

こうしたテーマに関する私の研究は、予想もしなかった形で広がっていった。本書「パート1」で取り上げるトレンドのすべてが、突如としてみんなの興味を集め、この分野への関心が一夜のうちに転換点を迎えたかのようだった。私の研究から生じたアイデアに耳を傾ける人が急に増えたのである。企業幹部からの問い合わせや会議へのお招きが急増した。この勢いは本物に見えた。企業幹部が実際の行動を起こす姿をいくつも見た。

私や他の研究者たちが提示してきたデータはあまりにも明白で、もはや無視できないほどの説得力を持つようになっていた。前述したような理由により、〝善行と好決算は必ず

図表1-1｜本書の狙いと各章の役割

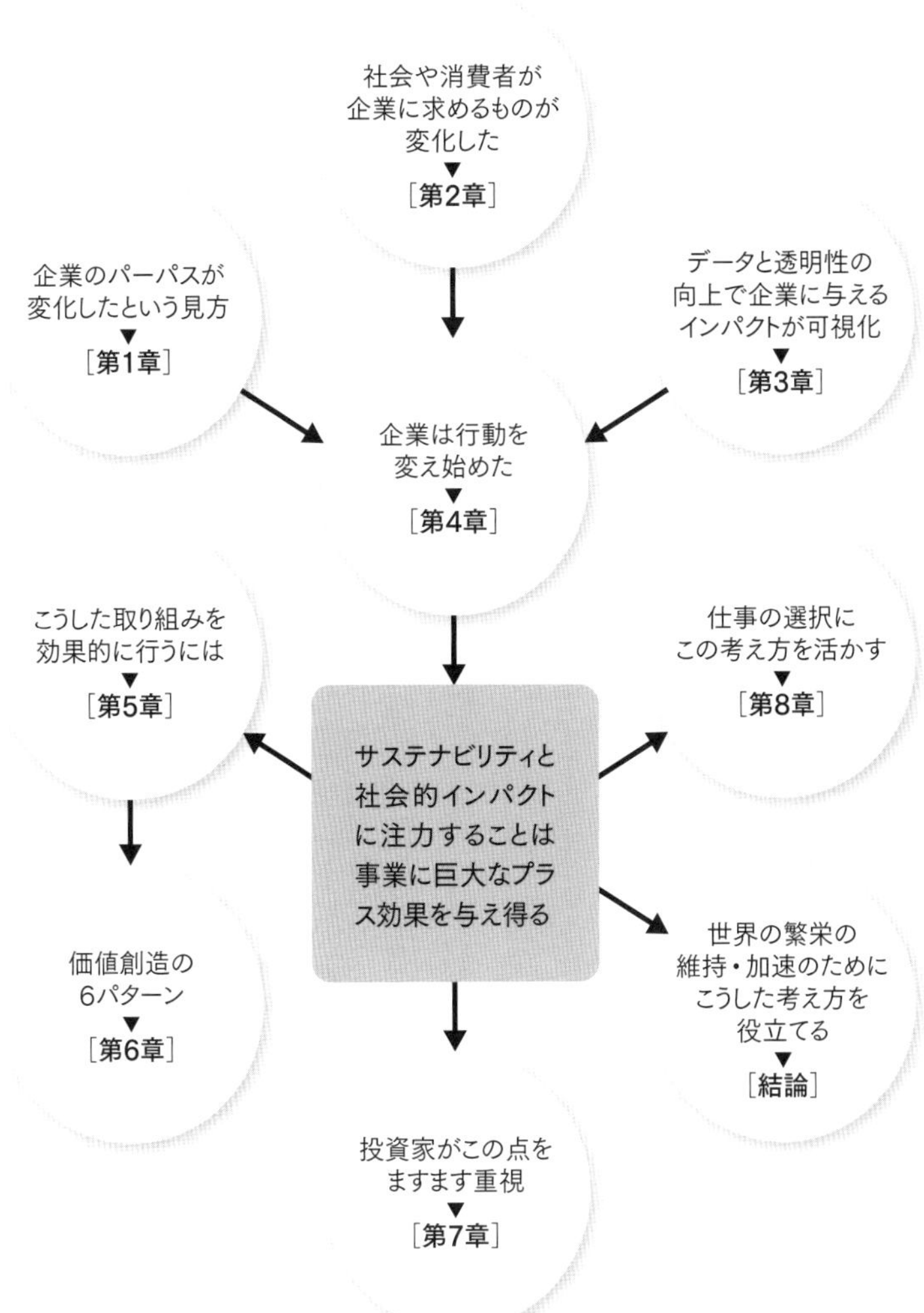

しも矛盾しない〟——少なくとも、注意深く賢明なサステナビリティ戦略を採っているならば——と社会が気づき始めたのだ。さまざまな組織が雨後の竹の子のように生まれ、倫理的かつ持続可能な投資についての基準を定め、投資の経過を監視するための評価基準を生み出した。連邦政府や州政府も、国や州の年金基金が企業に投資する際は社会的要因を考慮するよう求め始めた。米大手ケーブルテレビ局ショウタイムが2016年初頭から放映を始めた投資ファンドのドラマ「ビリオンズ」では、2020年のシーズン5で社会的インパクト投資とサステナビリティをストーリーの中核に据えている。数年前なら決して大衆の関心を引かなかったテーマである。

私がこの研究を始めた頃、S&P500企業の中で取締役会にひとりも女性がいない企業は8社に1社以上あった。それからわずか10年、今や取締役会に女性がいないS&P500企業はゼロである（それどころか女性比率は25%を超えている。もちろんまだ完璧ではないが、確かな進歩である）。当時、世界の大企業のうち、自社事業が環境に与える影響を公表している企業は20%に満たなかった。今日では90%近くが年次報告書に記載している。

研究を始めたあの頃とは正反対に、もはや私は確信している。我々の暮らすこの世界は極めて幸運なことに、社会的目標を目指すことと営利の追求とが、かつてないほど一致するようになってきている。業界や年齢に関係なく、組織のどの階層にいる人にとってもそうであると——。仕事はカネのために割り切らねばならないという考え方と、それでも自分自身はカネを超える何かのために動いているという実感との間には矛盾が存在し、多くの人がそれを感じている（第1章で触れるが、私の教え子たちもそう感じている）が、実のところ両者の矛盾は思っているほどややこしい話ではないのだ。

考えるといまだに驚いてしまうのだが、「パーパスに従った企業活動をし、サステナビリティや健康、大きな善を意識することは、事業にプラスとなる可能性がある」という考え方を、ちょっと前までビジネスリーダーたちは本気にしなかっただろう。だが、それが可能であることは間違いない。ただし、実現は容易ではないのだが——。これこそが「パート2」で一番伝えたい点である。そして、私が本書を通して伝えたい最大の点は次のことだ。

パーパスと利益の両立は可能であり、それは莫大な見返りをもたらし得る。ただし簡単ではなく、成功の保証もない。

事業を成功させることも、有意義な社会変化に貢献することも、どちらも簡単なことではない。その両方を達成するのは極めて難易度が高い。

私は1通のメールを読み返すたびにそれを実感する。2021年の春、ビジネススクールの講義の準備をしていたときのことだ。その講義では、ある地域社会発展プログラムを取り上げるつもりだった。ジョージア州キャロル郡のサウスワイヤという電気配線会社が何年にもわたり成果をあげてきたプログラムだ。その講義に向けて準備中、ある学生が私にメールを送ってきた。彼は、ビジネススクールの学生になる前、ジョージア州商工会議所――サウスワイヤの本社からさほど遠くない――の仕事をしていて、まさにこの地域社会発展プログラムに強い感銘を受けた、というのだ。

サウスワイヤは目を見張るような成果をあげていた。全生徒の3分の1近く（特に、経済的に恵まれない生徒の場合は半数近く）が高校を卒業できないような学区において、同社は地区の学校関係者と協力し、卒業が最も危ぶまれる生徒を見つけては、なんとか卒業できるよう支援していた。家計が苦しく出席率の低い生徒、そして多くは親がいないか、親が暴力的だったり、薬物中毒だったり、服役中だったりする生徒を見つけ、職業訓練を施し、メンターをつけ、誰かの役に立つ機会を提供するのだ。「12フォーライフ」（12 for Life：人生のための12年生。米国では12年生が高校3年生にあたる）の名で知られるこのプログラムは、最も卒業が難しい生徒たちですら、高校卒業率を94％にまで引き上げるのに貢献したのである。

この成功は地域社会に巨大なインパクトを与えた（今でも与え続けている）と同時に、サウスワイヤの事業にも役立っている。というのも、高校生のメンター役を務めることにやりがいを感じる社員たちに士気高揚をもたらし、才能ある人材の採用・つなぎ止めにつながり、同社の社会資本が強化されるからだ。このプログラムは景気が良いときも悪いときも同社に利益をもたらし（そのため、持続的でもある）、その利益はすべて同プログラムの規模とインパクトの拡大に再投資されてきた。今やプログラム開始時の予想を大きく上回る規模に育ち、12フォーライフの支援を受けた誇るべき卒業生は数千人に達している。

私にメールをくれた学生の話に戻ると、彼は別の地域社会において、サウスワイヤとは別業界の某企業と協力して、12フォーライフと同じプログラムを再現しようとしたそうだ。「結論から先に言うと、失敗でした」と彼は書いている。彼が失敗した細かい経緯は、ここではあまり重要ではない。重要なのは、こうした再現の試みが例外なく失敗するということだ。そして、「何のために行うか」よりはるかに重要なのは「どのように行うか」である。彼は、さもありなんと思われる要因をいくつか挙げていた。手を組んだ某企業に熱意が欠けていたこと、学校関係者の人材・予算も本気度も足りなかったこと、強力なリーダーシップの欠如――。これらすべてが積み重なって不本意な結果を生んだ。彼のプログラムは軌道に乗ることなく終わったのである。

図表**1-2**｜**本書の立ち位置**

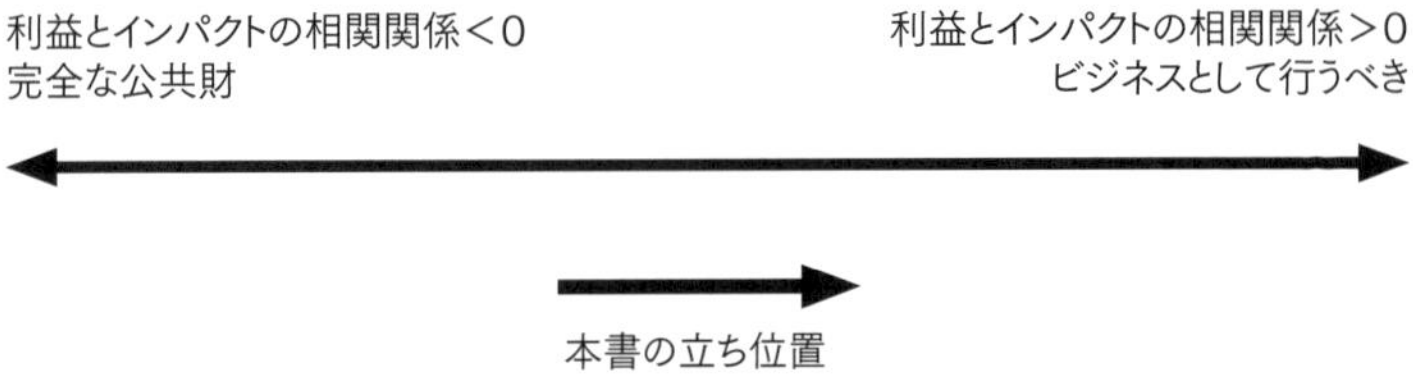

この話をしたのは、本書が〝誰でも簡単にできる善行の秘訣〟についての本ではないと、読者にはっきり知ってもらうためだ。ビジネスで成功することと、環境・社会問題の改革を進めることとのバランスは常に複雑であり、個々の企業がそのバランスをどう取るかという選択も簡単ではない。また、それに対する消費者や投資家、社会全体の反応も常に予想通りというわけにはいかない。

確かに、企業の善行はかつてより報われるようになってきているし、場合によっては生き残りの必要条件になることさえある。それは私の研究がはっきり示している。だが、現場でそれを実践するには、そうした活動を深く掘り下げ、なぜうまくいくプログラムと失敗に終わるものとがあるのかを真に理解する必要がある。本書はそのために書かれたのである。

図表1－2は、「パーパス＋利益」問題に対するあらゆる見方の中で、本書の立ち位置を示したものだ。図の

左端は昔ながらのビジネス観で、「世界に良い影響を与える行為は、事業利益にとって差し引きマイナスの効果をもたらす。なぜなら、世のためになる取り組みは、自社の収益創造事業からカネと時間を奪うだけだから」という見方だ。一方、右端は一種の夢物語で「世界に良い影響を与える行為は、無条件で事業利益にプラスの効果をもたらす」とする見方だ。善意があればそれで十分であり、市場は純粋な善意で動くプレーヤーに魔法のように報いることができるとするファンタジーである。

私はどちらの見方にもくみしない。どちらの見方も、状況次第では正しいこともある。図の右端に向かって動ける企業も存在する。ただし、すべての企業ではない。世界経済がビジネスの利益と社会の利益をなるべく一致させようと苦労して道を切り拓いている今、その道をどのように進むかは我々一人ひとりにかかっている。本書は、何がその成功と失敗をわけるのか、１つの答えを示すものだ。

ESGはなぜ、どうして、どのような形で、あなたに関係するのか

本書は基本的に、人間について、人間のために書かれた本である。起業家、専門職の若者、中間管理職、経営幹部、投資家などの立場で、社員や地域社会のために尽くしたり、

環境問題や格差問題、その他の国際問題に対処したりと、さまざまな社会的影響を及ぼしつつ、たんに他人をより幸福にするためだけでなく、事業の成功を目指してそうしたことを行っている人々についての本だ。本書の狙いは、「なぜ」善行によって一部の企業が過去にないほどの高みへ到達できるのか、そうした企業は「どのように」それを成し遂げるのか、そして、新しく社会の強力な軸となったものを活用していくには「なに」を理解する必要があるのか——この3点をすべての人に理解してもらうことだ。

本書のベースとなっているのは、過去10年間の私と共同研究者（ハーバード大学の内外にいる）による50を超える研究論文や現地調査であり、起業家・取締役・投資家として私が積んできた実務経験である。

私はこの本を、行動する人に向けて書いた。起業家であれ、専門職であれ、投資家であれ、いかなる職位の従業員であれ、自分の知識とスキルを使って社会をより良くできると信じる人に向けて書いた。「ＥＳＧはビジネスにとって大事になる」という私の意見を人々に信じてもらうのには長い時間がかかった。もし、このテーマには最優先する価値があり、世界を変える可能性を持つとの確信が私になければ、実際に潮目が変わって学界でこうしたテーマが広く素直に受け入れられるはるか以前に、私はこのテーマを投げ捨てていたことだろう。

パーパスと利益の両立――両者にズレがなく同じ方向を向いて調和しているという意味で、**本書ではこれを「ニューアラインメント」と呼ぶ**――がたまらなく素晴らしいと思うのは、ビジネスについて私が大好きだと感じるすべての面を強化するからだ。それは組織と社会の見地からだけでなく、個人の見地からしても好ましい。人は自分の仕事にやりがいがあり、個人として得るものがあるならば、いっそう熱心に働くようになり、それは必ずやイノベーションにつながる。より良い車、より美味しいコーヒー、より優れた建築資材と、すべてのものがより良くなり、生産性の向上は企業の最終損益に表れる。たんなる利益よりはるかに大きなことを気にしているのに、結果を見ると収益力が向上している――。

極端な例だが、このような好循環はこれまで一度も存在したことがなかった。今はそれが存在する。本書を読み終えたとき、読者は新しいレンズを通して自分のキャリアと世界を見られるようになっているはずだ。自分の夢を追い求め、結果としてそれがこの世界で報われる様を見るのに、今ほど適した時代はないと確信できる。ビジネスを通して世界をより良くするための道は、我々すべてに開かれている。それは結局のところ、パーパスと利益の結合がもたらす力なのである。

第4章 変化する企業行動

Part.2 実行に向けて
――企業と政府と個人の役割

第5章 善行をしつつ利益を出す戦術的手法――146

Part. 1

ニューアラインメント

――パーパスと利益の調和

第1章

何のためにビジネスをするのか

２０１６年初頭、私は自動車メーカーの幹部を相手に気候変動について話していた。具体的には、電化がメガトレンドとなることで、自動車業界に大きな地殻変動をもたらすだろうという話をした。だが、幹部たちは私の意見を受け入れなかった。それは遠い未来のことであり、今から気にする必要はないと。２０３０年までは、いやもっと先になっても、自動車業界に影響を与えることはまずないと信じていたのだ。私がテスラを持ち出すと彼らは笑った。テスラがまともな車を量産できるとは思えないし、ましてや既存の自動車業界に影響を及ぼすなどあり得ない、と。自動車メーカーの巨人ダイムラー（現メルセデス・ベンツグループ）の元会長、エツァルト・ロイターは、テスラについて「ドイツの偉大な自動車メーカーと比べると、真面目に考えることさえできないジョークだ」と述べている。(注1)

それからわずか数年、今や誰もがテスラの背中を追いかけている。テスラの時価総額は競合他社の多くを追い抜いた。トヨタ自動車、フォルクスワーゲン、ダイムラー、ゼネラル・モーターズ、BMW、ホンダ、ヒュンダイ（ヒョンデ）自動車、フィアット・クライスラー・オートモービルズ、フォード・モーター――これらを個別に追い抜いただけでなく、この全社の合計さえ超えた。(注2) テスラはこれを、利益だけでなくパーパスを重視しながら実現したのだ。イーロン・マスクは時に気まぐれな起業家の横顔を見せることもあるが、こと気候変動に関しては、本気でイノベーションを起こし、現実的な問題解決策を生み出し、世界を変えようと真剣に取り組んでいることに疑いの余地はほとんどない。

パーパスは、新たに会社を立ち上げる起業家のためだけのものではない。マイクロソフトはかつて、時代遅れでイノベーションを起こせず、何をしても失敗すると見放されていた。それを再び世界で最も価値ある企業の1社にしたサティア・ナデラによる大変革の中心にあったのは、やはりパーパスだ。ナデラは、マイクロソフトの目的はたった1つ、すなわちテクノロジーを通して人々が自分の生活をより良くできるようにすることだと断言し、同社のあらゆる行動にパーパスを注ぎ込もうと全力を尽くしている。彼はこのコアバリューによって、マイクロソフトの企業文化を再構築し、イノベーション精神を復活させ、テック業界がより包摂的（インクルーシブ）になるのに一役買った。イノベーション精神の復活について言えば、ナデラは同社の重点をウィンドウズOSだけに集中するのではなく、クラウドコンピューティングなど新分野にも広げることで成し遂げた。インクルージョンについては、人種と性別の両面で社内の人材を多様化させ、社員のチャンスを広げることを彼の経営哲学の重要な一要素とした。

「我々を取り巻く世界と当社が結んだこの社会契約にいつも立ち返ります」とナデラは言う。「自分の利益になることしかしないなら、存在できません（中略）。利益（が得られるの）は、周囲に大きな余剰を生み出すからです」（注3）

マイクロソフトは、NPOのジャスト・キャピタルが発表する「米国で最も公正な会社」で3年連続（2019〜2021年）1位に選ばれており、環境保護と民主主義推進に向けた世界的リーダーへと変身した。（注4）同社の実例から得られる強烈な教訓は、たとえ古くさい企業であっても、自社と社会の両方にプラスになるよう改革することはできる、という点だ。過去は逃れられない運命ではない。組織のリーダーというのは、自分自身と組織の将来を主体的に決められる、かなり大きな力と自由を持っているのだ。

「地球上のすべての人と組織がより多くのことを成し遂げられるようにすることが私たちの使命、と言うからには、それはたんなる言葉では済まされません。我々の下す決断、我々のつくる製品、顧客に映る我々の姿、そうしたことすべてに宿る我々の本質の一つひ

とつが、その使命を反映していなければならないのです」。ナデラはCNETでそう語っている。(注5)

◉会社再建の背後にあるパーパス重視のモチベーション

新旧いずれの企業も、利潤追求を超える何かを通して、自社と業界を変えつつある。そこではいったい何が起きているのか――これを理解するには、結局は次のシンプルな問いかけに行き着くと思う。

「人は何のために仕事をするのか?」

この質問を、ハーバード・ビジネス・スクールの教え子たちにぶつけてみると、返ってくる答えは私の質問のしかたによって大きく変わる。例えば、次のような抽象的な聞き方をしたとしよう。

「ニュースで見かけた人など、自分以外の人々、つまりその人の気持ちやモチベーションを想像するしかない他人は、何のために仕事をしていると思う?」

すると学生たちはいとも簡単に答える。「おカネのためです」と。これはビジネスパーソンをマンガのように単純にとらえた見方ではあるが、一片の真実も含まれており、答えを探る出発点の仮説にはなる。経済学者のミルトン・フリードマンに言わせれば、その仮説は絶対に不可欠なものだ。彼は1970年、ニューヨーク・タイムズ紙の論説面に『フリードマン・ドクトリン――企業の社会的責任は利潤を増やすこと』と題した論説を発表し、社会にとてつもない影響を与えた。[注6] フリードマンは、企業の本分はビジネスであり、企業経営者の唯一の目的は利潤最大化であらねばならない、と主張した。社会的インパクトやその他のことなどくそ食らえ、と。

だが、私が質問のしかたを変えて「君は何のために仕事をしたいのかね?」と聞くと、概して学生たちの答えはまったく違ったものになる。教え子たちはこう答える。新しいものをつくり出すことに挑戦したい。買い手に喜びと満足を与える商品・サービスを生み出したい。新しい仕事をつくり出したい。知的挑戦に満ちた人生を送るために仕事をしたい。プロとしての期待に応え、高い成果をあげるチームを築き上げ、社会にインパクトを与えたい――。

もちろん彼らだっておカネは稼ぎたい。自分の欲しいものを買うために。だが、ほとんどの人にとって、何のために仕事をするのかという問題は、利潤の最大化だけで説明できることではない。朝起きて、新鮮な気持ちで一日を始められるのは、利潤の最大化のためではないのだ。

世界に影響を与えながら利益も出したいという熱意

私がレイニール・インダールと出会ったのはかなり昔、彼が世界有数の実績を誇るプライベート・エクイティ・ファームで働いていた頃だ。2007年に世界金融危機が起きると、レイニールは自分が体制側の囚人のように感じた。そして社会格差の問題を深く考えるようになり、自分は間違いなく正しい側にいると思えるようになりたいのだと気づいた。世界にマイナスの影響を与えるのではなく、プラスをもたらしたいと。

レイニールは最終的に、変化を起こそうと決意する。彼は私の授業で話をするためにハーバード・ビジネス・スクールを訪れ、その後で昼食を共にした。次のキャリアをどうすべきか、彼は私に助言を求めた。世の中を変えたいという情熱を持っていたが、これまでの仕事を続けていても実現できるとは思えなかったのだ。そこで私は「自分のプライベート・エクイティ・ファームを立ち上げてみたらどうかな」と答えた。

数カ月後、彼はESG問題に特化したプライベート・エクイティ・ファームのサマ・エクイティを立ち上げた。国連の持続可能な開発目標「SDGs」（貧困撲滅、飢餓ゼロ、質の高い教育、平等と正義、清潔な環境など）に役立つ解決策を生み出すためだ。レイニールは信じている。ＥＳＧ問題（気候変動や教育、医療の革新による生活の質の向上など）で先陣を切る企業は、今後最大の成長をするに違いないと。そして、世界に貢献することは、ただメディア受けが良くなるとか消費者の批判をかわすとかだけの話ではなく、まさに事業戦略であり企業の成長を左右することなのだ、と。サマ・エクイティをＥＳＧに特化したファンドにすることで、そうした企業を応援し、世界にプラスの影響を与えることができる――彼はそう信じている。

幸運なことに、私はサマ・エクイティの顧問役、そして出資者として、レイニールとパートナーたちが本物のパーパス主導の組織をつくり上げる様子をじかに見ることができた。同社は今や10億ドルの運用資産を管理しつつ、地球をなるべく持続可能にする手助けをしている。２０２１年、サマ・エクイティは最初の投資先企業である環境ソリューション企業ソルテラのイグジット（株式売却などによる投資資金の回収）を行った。ソルテラはそれまでの5年間で収益を7倍、企業価値をそれ以上に成長させ、目を見張るような投資リターンをもたらしたのである。

私はレイニールのような人をたくさん見てきた。仕事で成功を収めながらも、キャリアの半ばで「これは自分の本当にやりたいことではない」と気づく。リスクを取ろう、もっと大きな影響を与えることで世界を変える挑戦をしよう、と決心するのだ。仕事を始めたばかりなのに、同じように考える人も次第に増えている。

かつての教え子、ジャリド・ティングルもその１人だ。彼はフィラデルフィア近郊の母子家庭で育った。低収入家庭への支援制度のおかげで、競争率の高い私立高校になんとか通うことができ、その高校に通ったおかげでペンシルバニア大学ウォートンスクールを卒業でき、バークレイズ銀行の投資銀行部門に就職できた。

ジャリドは20代後半になると、数人の友達とハーレム・キャピタル・パートナーズを共同創業した。同社はマイノリティと女性が創業した企業のみに投資するベンチャーキャピタルである。ジャリドによれば、マイノリティや女性が起こした企業は投資資金を得るのが難しいことが彼の研究でわかったそうだ。それでも成功した企業は、当然ながら高いハードルを乗り越える必要があったということだ。

ジャリドは当初、まったくおカネが集められなくて苦労したが、最終的には４０００万ドルのベンチャーファンドを立ち上げることができ、「今後20年間で１０００人の多種多様《ダイバース》な起業家に投資する」というハーレム・キャピタルの目標を達成できる可能性を得た。２０２１年には第2のベンチャーファンドも立ち上げた。今回は１億３４００万ドルの資金規模だ。「多種多様な起業家を対象に投資するなんて不可能だ、とみなは思っています。その考えが間違っていると証明するつもりです(注7)」――ジャリドがハーバード・

ビジネス・スクールを卒業した後、一緒にハーレム・キャピタルを題材にしたケーススタディを作成しているとき、彼はそう言っていた。本当にそれを証明したのである。

もう1人、同じように社会貢献への熱意に動かされた元教え子のティファニー・ファムを紹介しよう。彼女の祖母はベトナムの起業家で、複数の新聞社を経営していくつもの会社を所有し、同国で初めて自動車を運転した女性の1人であった。その祖母を見習ったティファニーは、エンターテインメント産業で自分自身のキャリアを築いた。

2014年、フォーブス誌がメディア業界を代表する「30歳未満の30人」(30 Under 30)の1人にティファニーを選ぶと、彼女の人生は一変した。自分独自のキャリアを築こうと考える若い女性たちから、助言を求めるメールが殺到したのである。多くの女性とやりとりを重ねるうち、ティファニーは世界中の若く意欲的な女性による巨大なニーズが存在することに気づいた。彼女たちは、助言とチャンスを渇望しているのだ。そこで彼女は、まさにそれを提供するプラットフォームを生み出すことにした。自分でウェブサイトをつくるためプログラミングの勉強をしている最中に、そう決めたのだ。「モーグル」と名付けられたそのソーシャルメディア・プラットフォームは、世界中の女性に向けて教育と学習材料を提供している。事業は収益性の高いサブスクリプションモデルで運営され、多種多様な才能を探し求める雇用主と、何百万人という潜在的な新規雇用者とをつないでいる。

彼女の顧客の中には、世界最大級の企業も何社か含まれている。

ここまで紹介してきた実例がはっきりと示すのは、パーパスを抱いて進む道、すなわち潜在的な利益だけをビジネスの目的とするのではなく、より大きな使命に突き動かされて進む道は、成功と充足感へ導いてくれる可能性を持つこと、そしてキャリアのどの段階にあろうともそのような大志を抱いてよいということだ。

最高レベルのサステナビリティを目指す

上記の点は当然ながら、世界的企業においても同じである。有名なのはポール・ポールマンの事例だ。彼は世界最大級の消費財メーカー、ユニリーバでCEOを務めた。同社は400を超える関連ブランドを持ち（アイスクリームのベン&ジェリーズ、洗浄製品のダヴ、マヨネーズのヘルマン、スープのクノール、その他多数）、石けんでは世界最大の製造業者である。

「解決すべき大きな難題が2つあります。気候変動と格差問題です」とポールマンは述べた。(注8)「あなたが空気を汚し、二酸化炭素を排出していると気づくその瞬間、他の誰かは死に近づいています。あなたが食べ物をムダにしていると気づくその瞬間、他の誰かは餓死しようとしています。これが我々の抱える問題です。我々はみな同じ1つの星で暮らしています。同胞たちと調和して生きる方法を見つけなければ、すべてはうまくいかないでしょう(注9)」

ユニリーバは毎年発行する年次報告書で、社会が直面する最も困難な問題に対して同社の取り組みがどのように進んだかを詳細に報告している(注10)。世界中の人々の公衆衛生改善、環境保全、雇用機会や事業機会でのインクルージョンの推進、女性活用、その他諸々に対して同社が本気で取り組んでいることを、報告書ははっきり示している。

同社の計画や行動は慈善活動ではない。事業の成長のためにサステナビリティ目標を利用し、その過程で自社と顧客との、そして自社と社員との結び付きを深めている。ポールマンがCEOを務めていた期間、ユニリーバの株価は2倍以上になった。まさに同社のウェブサイトにある言葉通り、「我々は成長とサステナビリティが矛盾しないことをずっと前から知っていた」のである(注11)。

2018年、ユニリーバのサステナビリティ目標のはるか先を行く、同社の「サステナブル・リビング・ブランド」(「持続可能な暮らしの実現」を掲げる一部のブランドで、400ほどの同社のブランドのうち、ダヴなど26のブランドを指す)は、その他のブランド群と比べて69%も速く成長した(注12)。これらのサステナブル・リビング・ブランドは、地球のためにユニリーバが犠牲にしているブランドではない。成功への原動力として同社の差別化を担う存在なのだ。

「パーパスを持つブランドが発展することは明らかで、注目に値すると思います」――2019年にポールマンの後任のCEOとなったアラン・ジョーペは言う。「パーパスはブランドに重要性を与え、そのブランドの話題を増やし、ブランドの浸透力を高めて価格弾力性を下げます。我々はそのことを強く確信しているので、いずれユニリーバのすべてのブランドが〝パーパスを持つブランド〟になると宣言してもいいほどです(注13)」

古い考え方の問題点

レイニールやジャリド、ティファニー、そしてポールマンの話――業界も違えばキャリアの段階も違う人たちが、それぞれ異なる使命のために異なることをしてはいるが、その根底には人々の生活を大きく変えたいという同じ目標がある――は、なぜ私がこれほどビジネスとその可能性を愛しているかの説明になる。私たちの生活は、遠くへ移動することや遠くの人と会話することから、世界中の驚くべき多様な食を味わえることまで、あらゆる点で劇的に向上した。社会の飛躍的な進歩は信じられないほどだ。それらが可能になったのは、私たちがその存在さえ知らなかった問題について、ビジネス界が解決策を生み出したからだ。病気を治すことから、コーヒーの素晴らしい新テイストを開発するという単純なことまで、ビジネス界が我々にもたらした恩恵は計り知れない。

実際には、多くの企業がたんなる利益よりはるかに大きなことを成し遂げようとしている。格差の縮小、気候変動問題の解消、貧困の撲滅など、社会問題の解決に取り組んでいるのだ。企業がそうする理由の一部は、その企業を構成する個々人が、毎朝起きたときにこう信じたいと思っているからだ。「自分は世界のために良いことをしている」。たんに自分が豊かになるためだけではなく、他人のためになることをしている」と。企業がそうする別の理由は、前述した通り、それが素晴らしい収益を生む事業になる可能性を秘めているからだ。

フリードマンは、企業の唯一の責任は利益であり、利益にのみ集中すべきで、その利益がどのように得られたかは問題ではない、という見方をしたが、これは彼のいた時代を反映したものだ。当時は冷戦構造が背景にあり、自由で開かれた市場のほうが旧ソビエト連邦の計画経済より優れている、と示すことがフリードマンの狙いだった。彼は、利益以外の何かを追求することを経営者に許すのは汚職への扉を開き、投資家を犠牲にして彼らが私腹を肥やすことになりかねないと恐れたのだ。

おそらくフリードマンは、問題自体よりも問題解決法のほうがさらに事態を悪化させると心配したのだろう。すなわち、経営者に社会の幸福も考えて意思決定することを許せば、市場の働きを政治プロセスに変えてしまいかねない。これは中央計画経済へ向かう動きであり、政府が希少資源の分配を管理することにつながりかねず、競争や私有財産、ひいては個人の自由まで破壊される恐れがある。

この種の懸念には共感できる。私は1980～1990年代のギリシャで育った。当時のギリシャ政府は実業界を強力に管理し、結果としてギリシャ経済と国民の幸福度に大きな損害を与えた。私はフリードマンが危惧したことの多くを目の当たりにしてきたのだ。とはいえ、フリードマンの言動の下地となった前提条件は、後に間違っていたと判明したり、あるいは前提自体が変化したりしている。

例えば、50年前には企業の挙動は極めて見えにくく、部外者は株価を見ることくらいしか企業を調べる手段がなかった。また、世の中に貢献する企業を選びたいと考える社員や消費者がいても、その考えに基づいて何かを選択することは実質的に不可能だった。選択に必要な情報がまったくなかったからだ。今、我々は社会の中に「説明責任の仕組み」をつくりつつある（ESGの評価基準やインパクト加重会計については後に詳しく触れる）。企業の挙動や取り組みを可視化し、調査・分析するためだ。

こうしたデータがなかった時代、人々は「ミッション重視型の企業は利益を犠牲にしてパーパスを追求しているのだから完全市場のもとではいずれ脱落するだろう」という前提で物事を考えた。だが、適切なデータを入手できるようになった今、パーパス重視型なのに市場から脱落しない企業がたくさんあることを我々は知っている。社会に価値を生み出すパーパス重視型の企業は業績が向上し、しかも時間とともにその効果は強まる。Bコープ――NPOのBラボ（詳細は第2章）に認定された中小企業――からユニリーバやナチュラ・コスメティコスのような大企業まで、あらゆるパーパス重視型企業の台頭を目にするのはこのためだ。

もう1つの前提となる考え方は、完全市場に関するものだ。市場が完全に機能しているとき、その市場は外部の影響を一切受けず、買い手と売り手の間に情報の不均衡は存在せず、企業は政策決定過程に関与できず、政策・価格・規制に影響力を及ぼせないとする考え方である。何十年もの間広く信じられてきたこの前提は、間違いであると明らかになっている。そして、市場を間違って理解することのコストは日々増大している。地球環境の劣化はすでに制御不能になっているし、社会経済的背景の差から生ずる機会不均等にはずっと手を焼いている。富裕層と貧困層の賃金格差も増える一方だ。心血管疾患や糖尿病といった慢性疾患も蔓延し続けている――。こうした問題はビジネスと無関係ではない。

それを無関係だと仮定したことがそもそも間違いだったのだ。

現在、世界中で排出される温室効果ガスのうち、何らかの形で価格が設定されているのはざっと20％に過ぎない（世界共通の二酸化炭素税は存在しない）。そして、企業は我々の統治システムに対してとてつもない影響力を実際に持っている。石油・ガス会社はエネルギー価格に影響力を持ち、金融サービス企業は銀行規則に、製薬会社は薬価に、影響力を持つ。つい最近まで、少なくとも米国においては、汚いカネを使うことからキャンペーン資金付きの問題提起まで、さまざまな方法で企業が人々の意向とは無関係に政策決定過程に影響をふるうことができたのは間違いない。

もう1つ、古い考え方の大きな問題点だと私が思うのは、企業に関与できる人間が2種類しかいないという前提だ。すなわち、企業を指揮するCEOと、利益を求める投資家である。これはあまりにも単純すぎる世界観だ。現実には、大半の人がCEOではないにもかかわらず、企業の向かわんとする方向に強い関心を抱いている。人はCEOでなくても、あらゆる職位でビジネスの世界に身を投じる。その理由は、私の教え子たちのように、世界を変えられると思うからであり、市場に価値を提供できるからであり、自分の価値観に従って生きるためである。

残念なことに、こうした古い前提の負の遺産のせいで、目の前の利益より大きなものを大事に考える人々は、自分が軟弱に見えるのではないかとか、市場の現実に正面から取り組む気がないように思われるのではないか、と悩むことになる。学生や新卒者と話していると、常にそれを感じる。ある教え子は私にこう話した。彼女は現在、極めて業績の良い会社で働いているのだが、会社がもっと効果的に世界を変えていくにはどうすればいいか、世の中にとって良い製品をつくるにはどうすべきか、大きな社会問題を念頭に顧客に助言するにはどうすればいいか、といったテーマを持ち出すことを躊躇してしまうと言うのだ。自分が「まともな」モチベーションで動いていないと見られるのが怖いからだ。

彼女はそうした気持ちに負けないよう努力はしているが、それでも映画『ウォール街』でマイケル・ダグラスが演じたゴードン・ゲッコー——「貪欲は善」と信じるカネに汚いキャラクター——のように振る舞うことを周囲に求められていると感じてしまう。それ以外のことに気を逸らすのを自分に許すと、競争に負けてしまうように思うのだ。彼女からその話を聞いたとき、私はあえて反論しなかった。そして、善行をしたいという彼女の努力を貶めるような人は、社内で最も活躍している人たちなのか、彼女が尊敬できる人たちなのか、と聞いてみた。

彼女はその点についてじっくり考え、私も同じことを考えてみた。そして2人とも同じ結論に至った。上記のような考え方を口にする人、仕事を通して社会を良くしようと考える他人を馬鹿にする人、ただ貪欲さだけが仕事のモチベーションに見える人――そういう人たちが、組織内で最高の結果を出している人であるケースはまずほとんどない、と。自分がお手本にしたいと思える人たちではないし、一緒に仕事をすることで自分が最高の成果を出せる人たちでもない、と。

であれば、問題の本質は〝フワフワしたテーマ〟を無視すること、そうしたテーマに関心を持つのをやめて、社会に与える影響を心配しないようにすることではない。そうではなく、そうした問題を〝企業活動によって解決策を提供できる大きな課題〟へと変えていくことなのだ。

ダイバーシティ問題を「口先だけのお題目」として扱うのではなく、実際にビジネス上の付加価値を生み出すために活用するにはどうすればいいのか？　環境への懸念、確固たる倫理観といったテーマを、乗り越えるべき障害物ではなく、新製品・新市場を通した成長のチャンスへと変えるにはどうすればいいのか？

こうした設問は、パーパスと利益の交差する点を考えるうえで極めて重要であり、その解答がビジネスを生み出したり破壊したりすることになるだろう。次章以降で私は、こうした設問が「今のこの世界で役立つためには、企業がどのような役割を果たすべきなのか」というテーマの核心に迫る問いかけであると示すつもりだ。

◉企業の役割を広げていく

2019年8月、「ビジネス・ラウンドテーブル」——世界的大企業のCEO181人(当時)が参加する民間組織で、アップル、ウォルマート、アマゾン・ドット・コム、アメリカン・エキスプレス、BP、エクソンモービル、ゴールドマン・サックスなどのトップを含む——が声明文を発表し、〝利益の追求のみが企業の役割である〟とする見方をはっきりと否定した。声明文では、顧客、社員、そして国に価値を提供するという決意が述べられていた。

「我々はダイバーシティとインクルージョン、威厳と敬意を育てます」と声明は言う。「規模の大小にかかわらず、我々の使命達成に協力してくれる他社に対し、良きパートナーとして役立つよう全力で取り組みます……地域社会の人々に敬意を払い、事業全般を通して持続可能性を重視することで環境を保護します」(注14)

当然のことながら、この声明文が突如として巨大な変化を署名各社にもたらしたわけではない。このお墨付きによって、心にパーパスを抱いて行動しようとする人が急に楽になったわけでもない。序章で述べた通り、そのような変化を生み出すのはたやすい課題ではない。

ユニリーバのサステナビリティ分野における取り組みによって、ポール・ポールマンが世界中のメディアから熱烈な取材を受けていたのと同じ頃、同じくフォーチュン500企業であるNRGエナジー——主に石炭を使う電力会社で、米国第2位の発電量を誇る——のCEOデイビッド・クレーンは、2030年までに石炭消費量を半減し、2050年までに90％削減すると公約した。彼は、自社が石炭で稼いだ利益を再生可能エネルギーへの投資につぎ込み、世界最大の汚染企業の1社からグリーンの巨人へと変身すると決意したのだ。

2014年にこの方針を始めるとき、クレーンは次のように述べた。ポールマンの口から出たとしても不思議はないセリフだった。「私たちがヨボヨボの老人になったとき、子供たちが我々を椅子に座らせ、反目と失望の入り交じった眼差しでじっと我々の目を見て、こうささやくでしょう。『わかっていたよね……なのに何もしなかった。どうしてなの？』と。このままでは、そんな日がやってきます(注15)」

この取り組みの結果はどうなったか——。NRGエナジーの株価は下がり、クレーンは取り組みを宣言してから2年もせずに辞めさせられた。同社が再び汚染企業へと舵を切り直すと、株価は急上昇して元に戻った。ユニリーバと同じ道を行こうとしたNRGエナジーの取り組みは、失敗例としてたびたび話題になった。クレーンは米グリーンテック・メディアにこう語っている。

「(気候問題という)大義のために私が際立った貢献をすれば、化石燃料企業がグリーン企業へと変身する方法を示せると思っていました。これこそが、私が必死でやろうとしたことでした。しかし、私がクビになり、それを実現できなかったことで、正反対のメッセージを示すことになりました。自分の会社を改革して報酬をもらえると思っているなら、それは不可能ですよ、と(注16)」

NRGエナジーのエピソードは、まだ世界が企業の役割によって資本主義者の楽園に変わってはいないことの証左だ。とはいえ、ビジネス・ラウンドテーブルの声明文のような声が出てくることは、変化が進みつつあることを暗示している。今日、業績のいい企業で、世間に対して堂々と「当社はそんな問題はいっさい気にしません」と言える企業を見つけるのは極めて難しい(率直に言えば、業績の悪い企業でも同じことだ)。NRGエナジーでさえ、自社のウェブサイトでサステナビリティの取り組みが成功していると喧伝しているほどだ。(注17)

たんに世評を気にしているからに過ぎない、と見る人もいるだろうが、それだけでは説明できない。こうした問題に取り組むべきだという圧力は極めて強く、〝うちは気にしない〟と公言できる企業は1社もないほどだ。最低限のことをするだけでなく、こうした問題に積極的に取り組む企業、ただ大事だと認識するにとどまらず、行動に踏み出そうとする企業は、実はこれらの問題に取り組むことが企業としての成功をもたらすことに気づきつつある。ビジネス・ラウンドテーブルの声明文は、要するに生き残りのためなのだ。少なくとも社会善の価値を認めない限り、企業は今後生き残っていけない、ということだ。実際、こうしたテーマを大切にし、全力で取り組む企業が成功するようになりつつある。

職場の透明性が向上したことも極めて大きな推進力となってきた。企業は昔のように物事を隠蔽できない。ある意味、透明性の向上は多少行きすぎともいえる。情報量が多すぎて処理しきれず、とてつもない背景雑音が発生しているからだ。要するに、企業はマイナスの影響を隠すことはもはやできない。遠いどこかの国にある自社のサプライチェーンで人権無視などの酷い事態が起きていれば、人々はそれに気づく。1970年代や1980年代には決してなかったことだ。この20年間、その種の酷いことを続けていると批判された企業はほぼナイキ1社だけだった。そしてナイキは人権を尊重するため大幅な改善策を講じることを余儀なくされた。現在、そうしたことはさらに発覚しやすくなっている。世界は以前よりはるかに透明度が高まっているのだ（この点については第3章でさらに深掘りする）。

同時に、社会が豊かになるにつれ、個人は社会正義の問題をますます重視するようになる。人権問題、そして人権を無視することの代償は、ますます注目されるようになる。これはある程度、世代によって考え方の異なる問題でもある。若い世代は世界の状況を本当に重視している。私の知るあるリーダーは、個人的にはESGに懐疑的なのに、ESGを重視しているよう振る舞わざるを得ない、と話した。そうしないと社員全員にそっぽを向かれるからだという。このテーマに関する私の研究結果（次章で扱う）によれば、会社がこうした問題を真剣に考えているかどうかを、あらゆるランクの社員が極めて重視している。こうした問題への対処を進めるよう会社の背中を押しているのは、幹部レベルの社員だけでなく、全社員なのだ。

企業の社会問題への取り組みを見ていると、そうした行為が企業にさまざまな面でメリットをもたらすことがわかる。企業広報の面、イノベーションの面、そして見落とされがちなメリットとして、優れた社員の新規採用やつなぎ止めの面でもプラスになる。

正反対のやり方、つまりミッションやパーパスを職場からいっさい排除するような経営をすると、結局は有能な人材や社員のモチベーションが圧倒的に枯渇することになる。私は仕事を通じてそうした事例をはっきりと見てきた。大学教授・研究者としてだけでなく、コンサルティング会社やテクノロジー企業を起こして世界中の企業幹部とじかに仕事をしてきた実践者として、そのような事例を見てきたのだ。職場に情熱とパーパスがあれば、イノベーションを生む原動力となる。一方カネがすべての職場では、仕事が無味乾燥で空虚になる。利益だけを重視する環境では、才能ある人材が胸躍らせて斬新なアイデアを追求するのではなく、狭い空間に押し込められたと感じて逃げ出そうとするのである。

結果が証明している

ここまでくると、サステナビリティのとてつもない好循環と、本書の中核をなす議論が見えてくる。すなわち、パーパス主導型企業は業績が向上するのだ。その理由の一端は、サステナビリティ要素を事業の牽引役として活用する素晴らしい方法がいくつもあるからであり、また別の理由として、こうしたテーマを重視する企業では同じ価値観の社員が奮起し、より熱心に働くようになるからだ。一方で、個人がミッションとパーパスにすべてをかけようとすると、犠牲が大きくなるケースもよくある。前述したレイニール・インダールがその典型だ。業績絶好調の企業を辞め、取る必要のなかったリスクを取ることになった。だが、それによって得られる見返りが変わるのだ。自分が誇れるもののために日々貢献していると感じられるなら、個人が得る見返りははるかに大きくなる。

スティーブ・ジョブズは2005年、スタンフォード大学の卒業式の祝辞で次のように述べた。「心から満足する唯一の方法は、素晴らしいと思える仕事をすることだ。そして、素晴らしい仕事をする唯一の方法は、自分の仕事を愛することだ」(注18)。まさにこれこそ、パーパス主導が大切な理由であり、企業の役割がただのビジネスを超えるものでなければならない理由である。

将来への期待を込めて

次章では、過去半世紀で人々の考え方や行動がどのように変化し、今の若い世代――いわゆる〝インパクト世代〟――が企業のサステナビリティに関する意思決定にいかに大きな影響を与えているかについて掘り下げていく。彼らは消費者としても、社員としても、前の世代なら見逃したであろう程度の企業の悪行であっても、それに目をつむったり受け入れたりはしたくないと考えている。〝企業は利益追求だけでなくもっと大きなパーパスを持ってもいいのかもしれない〟という社会全般の気づきと相まって、こうした若い世代の「それ以上のことをしたい」「より大きなものに貢献したい」という個人的な強い思いが、現代社会に起きている変化の大半を推し進めているのだ。

第2章 〝インパクト世代〟のインパクト

私の教え子は若者が多いので、我々が消費者としても社員としても今ほど選択肢を与えられていなかった頃を知る人は少ない。わかりやすい例を挙げよう。ギリシャで育った私は地元の市場での買い物を覚えている。牛乳を買おうと思えば、選べる商品は1つ、「牛乳」だけだった。今やどれほど小さなコンビニだろうと、例外なく多数の選択肢がある。昔ながらの牛乳、オーガニック牛乳、全乳、低脂肪乳、無脂肪乳、豆乳、アーモンドミルク、ココナッツミルク、オートミルク、ヘンプミルク、バニラ風味、砂糖入り、砂糖なし――。

もし近くの店に十分な品揃えがなくても、オンラインで探せばまさに自分が欲しかった商品をほぼ確実に見つけられるだろう。まあ、それは売り手がまだ、あなたを狙ったターゲット広告をお気に入りのソーシャルメディアに出していなかったら、の話ではあるが。

就職について言えば、私は新聞の求人広告を見ていた記憶がある。昔は求人情報を見つける手段が驚くほど少なかった。今ではリンクトインだけでなく、オンラインには無数の求人掲示板、メーリングリスト、フェイスブックグループがあり、ほぼすべての業界や職種が網羅されている。しかも、リモートワークの爆発的普及により、職探しの対象を全世界に広げることが可能になった。そのうえ、入社を決める前に得られるその会社の情報は、わずか1世代前の人たちと比べても桁違いに多くなった。社員による会社の評価が読めるグラスドアのようなウェブサイトもあるし、オンラインで読める記事やサイトの量だけでも、透明性は驚くほど高くなった。

このように選択肢が増えたおかげで、人々はあらゆる種類の自分の選好を追求し、意思表示できるようになった。消費行動や就職の際にも、自分の価値観に沿った選択ができる。以前にはできなかったことだ。環境問題を重視する人なら、環境に配慮している企業の商品を選び、そうした内容のミッションを公開している企業で働けばいい。特定の大義を大事にしている企業であれば、それを世界に知らしめる方法はソーシャルメディアをはじめ数多くあり、同じパーパスを持つ顧客や社員を引き寄せることができる。

私が400社超の大企業の社員、およそ50万人から集めたデータによれば、パーパス主導型企業――私が「パーパス明瞭度」(purpose-clarity)と呼ぶ指標で高得点の企業――は、競合他社よりおおむね業績が良く、リスク調整後の年間株式リターンで約6％という、明らかに高い利回りを達成している。おそらくその理由の一端は、優秀な人材を引き寄せられるからであり、自社のパーパスを信じる社員は仕事のモチベーションが高まるからだろう。また、パーパスに共感する顧客がその企業と取引したい、その企業の商品を買いたいと思うことも理由の一部だろう。そのためには割高な価格でも受け入れることさえあるだろう。パーパスと好業績は密接に関連していることが私の研究から明らかである。消費と就職について言えば、我々は自分の価値観に強く従って行動しているのだ。

この章では、以下の4つの社会的トレンドに沿って、消費者および社員としてのエンパワーメント（力を発揮して影響を与えること）について考察する。

❶**選択肢**の増加
❷企業行動に関する**透明性**（見えやすさ）の向上
❸社員および消費者としての**意思表示**の機会の増加
❹物的資源と比較した**価値観**（人的資本および社会資本）の重要性の増加

これを図示したのが**図表2‐1**だ。以下では企業のパーパスに関するデータの海に深く潜り、この4つのトレンドがどのように企業に見返りをもたらすのかを示そう。

◉——選択肢とバラエティ：多種多様な牛乳やジーンズ、銀行がもたらすもの

1970年、米国で買える牛乳は4種類しかなかった。テレビ画面のサイズは5種類しか選べず、ミネラルウォーターのブランドは16種類。朝食用シリアルは160種類で、新聞は339紙だった。2012年までにこれらの数字は急増している。牛乳は50種類超、テレビ画面のサイズは43種類、ミネラルウォーターのブランドは195種類、シリアルは4945種類、新聞は5000紙を超える。(注1) 我々は途方もない選択肢の世界に暮らしているのだ。この要因の1つはグローバル化だ。輸送と価格に関しては障壁が下がったこともあり、製品を世界中に配送する能力が増加したのだ。

テクノロジーによって我々はより遠くで生まれたモノを買えるようになっただけでなく、そうしたモノについてより多くを知れるようになった。インターネットのおかげで知識を得るコストは実質ゼロになり、ソーシャルメディアのおかげで企業は——零細企業ですら——より精密なターゲット広告を打てるようになってきている。世界中で起業家精神が高まり、あらゆる面で起業のコストが低下し、新顧客の獲得コストも製品の製造コスト

図表2-1｜4つの社会的トレンド

も下がった結果、製品のバラエティと顧客の選択肢は激増した。

ケロッグなど一部の企業は、自分たちの中核製品がカバーしていない自然食品やオーガニック食品に潜在需要があることを知っていた。だからこそ同社は2000年に「カシ」ブランドを買収し、90種類を超える商品を持つメガブランドに育てたのだ。エアビーアンドビーは、人々が宿泊施設だと見なすものの範囲を拡大した。

だが、「選択肢」というのは表層的な好みの問題よりもっと大きなものである。選択肢がなければ顧客は自分の好みを表現できないし、企業行動に影響を及ぼすこともできない。もし悪い企業——この〝悪い〟はどのような意味に取ってもかまわない――から買うしか選択肢がなければ、人々はその企業から買うだろう。だが実際はそうではなく、今の消費者は自分だけの独特なニーズにぴたりと合う商品を選ぶことができる。どのような分野の商品だろうと、デザインや趣向、はたまた社会的意識や環境持続性といったESGの中核的問題であろうとも、自分の好みを反映させることができる。企業にとってこれは、たんに数多くの選択肢を提供するということ以上の意味を持つ。消費者に、自分と価値観が合うと思える企業と一緒にビジネスをする力を与えられたと感じさせることであり、彼らの価値観に合う商品を提供するということなのだ。

だからこそ、銀行といった意外に思える業界にもアスピレーションのような実例が存在するのだ。同社は〝価値観重視型〟の銀行で、「顧客とその良心を最優先する新しい種類の金融パートナー」になると宣言している。(注2) そのためアスピレーションは、社会問題を意識した持続可能な資金管理サービスを提供し、預金を「化石燃料の探査・生産には投資しない」と約束すると同時に、社会的意識の高い企業から何かを購入した場合にはキャッシュバックを行い、手数料の1%を慈善事業に寄付している。

ユニリーバ傘下の消費財メーカー、セブンスジェネレーションは植物由来の清掃用品を生産しており、毎年「企業意識報告書」(コーポレート・コンシャスネス・レポート)を公表して自社のサステナビリティへの取り組みを解説している。(注3) セブンスジェネレーションは、自分の価値観に沿った家事をしたいと考える消費者にぴったりの選択肢を市場で提供している。自動車会社のテスラはインパクトレポート(影響報告書)を毎年発行している。(注4) 代替ミルクのメーカー、オートリーは、酪農よりオート麦のほうが効率性に優れると高らかに訴えている。同社のウェブサイトの栄養に関する事実をまとめたページで、オートリーの生産方法は乳牛を使ったミルクの生産方法と比べ、温室効果ガスの排出が80%少なく、エネルギー消費量は60%少ないと告げている。(注5) こうした企業は、消費者の選択肢を増やし、個人の信念と購買行動とを結び付ける方法を人々に与えようと努めているのである。

ペプシコの前CEOインドラ・ヌーイは、同社をより持続的な方向に進路変更し、顧客により健康的な飲食品を提供しようと奮闘する過程で、危うくCEOの職を失いかけた。もっと健康的な商品で〝パーパスと利益の両立〟を目指そうとする彼女の方針は、「良い気分になれる戯言」(ビジネスインサイダー誌)と馬鹿にされ、アナリストたちから笑いものにされたものだ。(注6) それでもヌーイは将来を見据え、消費者がこうした問題を重視する世界になっていくと読んだのである。会社の舵を健康志向に切り直した結果、彼女がCEOを務めた期間にペプシコの株価は2倍になった。(注7)

これは多数ある実例のほんの一部である。他にも紹介したい実例はたくさんあるのだ。

企業がこの種の発表をすることで、消費者は本当に大きな変化を起こせるようになる。それはデータがはっきりと示している。社会として我々が持つ「厄介者への許容度」――環境や社会にプラスかどうかという点で商品を選ぶための選択肢を提供してくれない企業を受け入れるかどうか――は、以前と比べてはるかに低くなっている。我々は、栄養価の高い食品や地球に害を与えない製品、社会問題に配慮する企業を当然だと思うようになっている。ある調査によれば、衣料小売りのギャップの顧客は、倫理的に正しい方法で製造されたことを示すラベルのある商品とそうでない商品が選べる場合、前者を選ぶことが示された。水質汚染の少ない製造工程のことをラベルに記したジーンズは売上げが8％増加し（特に女性客の購入が増えた）、試験的に衣服のラベルに〝公正労働基準を守っている〟と記したところ、さらに売上げが増えた。（注8）

あるイベントで、私は世界的なPR会社エデルマンのCEOリチャード・エデルマンと一緒に登壇したことがある。彼は聴衆に向けて、消費者はますます自分が信用するブランドから商品を買いたいと思うようになってきている、と述べた。ビジネスパーソンとして肝に銘じておかねばならないのは、消費者は賢いということだ。世界の人々が何を信頼しているかを調べる「エデルマン・トラストバロメーター」によれば、販売を増やすためのマーケティング戦略としてブランドが社会問題を利用している、と感じている消費者は、

8カ国において半数にのぼるそうだ。(注9) 消費者はたんなるイメージでなく真実を求めている。だからこそ、これほど多くの企業が詳細な報告書をウェブサイトに掲載し、自社の主張を裏付けるデータを提示し、しかもそのようなトレンドが一時的な流行ではなく30年以上も続き、ますます強まっているのだろう。

◉選択肢は消費者のためだけでなく、社員にとっても極めて大事

選択肢が劇的に増えているのは、消費者にとってだけでなく、労働者にとっても同じである。消費者としての立場とまったく同様に、もしあなたが求職者だったとして、唯一得られる職が〝良くない会社〟のものだったとしたら、そこに就職せざるを得ないだろう。だが、今や人々の願望や要求は極めて多様になり、市場はそれに応えるための選択肢をかつてないほど多数用意している。私の教え子の多くが、食べるためだけの仕事をするなんて考えられないと言う。彼らはたんなる仕事以上のもの――自己実現とパーパス――を仕事に求めているのだ。そして彼らは断言する。社会貢献を重視しない企業は、どのような企業であっても相手にされなくなる。スター社員は去り、優秀な人材も採用できないだろう、と。

こうした要求が生まれる一因として、今や多くの人の人生において、私生活と仕事がこれまでにないほど融合しているという事実がある。以前なら仕事をオフィスに置いて帰宅できたかもしれないが、現在の仕事環境――リモートワークやスマートフォン、現代社会に蔓延する年中無休の文化――は我々の生活の隅々まで浸透している。今は多くの企業が社員向けにさまざまな福利厚生サービスを提供しているが、これも私生活と仕事の境界線を曖昧にするのに一役買っている。その先頭を走ることが多いテック企業には、社内ジムや無料の食堂、スポーツチーム、送迎サービス、交流イベントなどがあり、さらには会社の敷地内に社員用の住居を用意する事例まである。

確かに昔から〝企業城下町〟はあった。例えば19世紀のイリノイ州プルマン（プルマン・パレス・カー社の社宅や社員用施設があった）や、20世紀初頭のペンシルバニア州ハーシー（チョコレートのザ・ハーシー・カンパニーの本社がある）などである。こうした「仕事と私生活のハイブリッド」は、社員を大切に扱った事例もあるし、ユートピアにはほど遠い事例もあったが、いずれにせよ〝企業城下町〟が米国で最も盛んだった頃でさえ、全労働人口の3％（推定値）をカバーしたに過ぎなかった。（注10）今日、ワーク・ライフ・バランスの境界線が極めて曖昧な人の数ははるかに多い。

ナショナル・カーレンタルによるアンケート調査は、この傾向を裏付ける数字を示している。回答者の65％が、仕事と私生活の間に境界線を引こうとするのは非現実的だと答えているのだ。今の労働者に関する報道によると、勤務時間が終わった後で仕事関係のメールに返信することは平均して週に4日あり、自宅で仕事関係の電話を受けるのは週に3日あるという。一方、職場で私用の電話を受けたり、私的な用事を済ませたりすることも、同じような頻度で行っている。そのうえ、「出張」は今や〝ブレジャー〟（ビジネスとレジャーを合わせた新語、「余暇出張」）と呼ばれるものに変わってしまった。なにしろ、あるアンケート調査では回答者の61％が出張にレジャーを盛り込んでいると答え、企業幹部の50％は出張後そのままレジャー旅行に突入しているのだ。(注11)

こうしたことすべてが示すのは、もはや自分の価値観を自宅に置き去りにして職場に行くのは不可能だという現実である。人々は、自分と同じものを大事にしている雇い主のもとで働きたいと願っている。幸いなことに、選択肢の増加がそれを可能にした。スタートアップ革命により、ますます多くの人材と資金が破壊的《ディスラプティブ》な新組織に流れ込んでいる（例えば、トップレベルの経営大学院を卒業するMBA取得者のうち、スタートアップ企業に就職する人の比率は、10年前には5％にも満たなかったのが、今では25％を超えている）。出資や融資が得やすくなった（その背景にはベンチャーキャピタル業界の成長もある）というのはつまり、数の面だけで考えても、それだけ雇い主が増えたことを意味する。ましてや増えているのは急成長する小企業が中心だ。彼らは既存の大企業よりも、新しい進歩的な考え方を受け入れやすいだろう。

雇い主の増加に加え、さらに働き手の選択肢を増やしているのが技術進歩だ。グローバリゼーションや欧州域内の国境開放、輸送コストの低下も働き手の流動性を大いに高めた。リモートワークの普及で、住んでいる場所と働く場所を切り離せるようになった。インターネットのおかげで、ちょっと前までは想像もできなかったやり方で仕事を見つけられるようになった。

オンラインの求職プラットフォームであるインディードには、月に2億人を超える訪問者がある。同社によれば、2016年にオンラインの情報源をもとに成立した米国の全雇用のうち65%はインディード経由だという。(注12) リンクトインのサイトには2000万件を超える米国の求人情報が掲載されており、さらに毎月300万件の求人情報が追加されている。(注13) 簡単になったのは職探しだけではない。スキルアップの面でもネットの貢献は大きく、多くの人がキャリアの選択肢を増やしている。ソフトウェアやクリエイティブ、ビジネスなどのスキルをビデオ講座で学べるリンクトイン・ラーニングは1700万人の利用者がいるし、(注14) プログラミングなど技術系スキルを学べるブートキャンプ（短期集中講座）は、オンラインでもオフラインでも続々と出現しており、2019年だけで2万3000人の

ソフトウェア開発者を生み出したと推計されている。（注15）

働き手の選択肢と流動性が増えたことの効果を私が感じるのは、教え子の進路の決め方だけではない。起業家としてもその影響をはっきりと感じている。私が共同創業者となった戦略コンサルティング会社のＫＫＳアドバイザーズは、本書で扱うのと同種のＥＳＧ要因を考慮して企業の長期的意思決定を支援するのがミッションの１つだ。このミッションのおかげで、ロンドン、ボストン、アテネにある我々の事務所は長年の間、高度なスキルを持つ人材を獲得できてきた。彼らのような人材はいくらでも勤め先を選べることを私は知っている。その中には、もっと規模が大きくて給料も高く、多数の取引企業を持つがゆえに素晴らしいチャンスを与えてくれる企業もあるはずだ。

この点を共同創業者のサキス・コツァントニスは次のように説明する。「弊社についてすべての面が最高だと売り込むことはできないが、こと仕事の意義とパーパスという点では、他のどの企業にも負けない自信がある」。この言葉の一番の証拠が、サキス自身の経歴だ。世界トップ校の１つであるインペリアル・カレッジ・ロンドンで工学の博士号を取得したサキスは、金属や燃料電池を扱う住み慣れた科学の世界を離れ、長時間労働と不確実性に満ちたキャリアパスを選んだ。ＩＢＭとデロイトで働いた後、ビジネスに持続可能性を持ち込むというミッションを掲げた専門的サービス企業、ＫＫＳアドバイザーズを立ち上げた。その動機は、世の中を変えたいという思いだ。

彼の情熱が我々KKSに本物の競争力をもたらし、スーパー人材の獲得やつなぎ止めができるようになった。こうして我々のオフィスは、フィンランド、スペイン、フランス、ドイツ、イタリア、インド、米国からトップレベルの人材を引き寄せている。みな、世の中にインパクトをもたらす力を与えてくれる職場で、自分の目標を実現しようと転職してきたのである。

透明性と情報：企業行動の透明性

ここまで述べてきたような選択肢の増加の主な原動力は、企業行動に関する信頼に足る情報が増えたことと、そうした情報の透明性が増したことだ。NPOのBラボは、環境や社会への配慮として最も厳しい基準を満たしている企業に「Bコープ」という認証を与えている。(注16) Bコープのウェブサイトには次のようにある。「最も困難な社会問題は、政府と非営利組織だけでは解決できません。Bコープのコミュニティが目指すのは、不平等の減少、貧困の緩和、環境の改善、地域社会の強化、誇りとパーパスのある質の高い仕事の創造です」(注17)

この認証を取得しようと決めた3500社を超える企業は、74カ国、150の業界にわたる。企業規模もさまざまで、カナダのブリティッシュコロンビア州のウェブサービス企業アニミキーのような比較的小さい会社もあれば、食品コングロマリットの多国籍企業ダノンのように、年間収益290億ドル超、社員数10万人超という大企業もある。

クラウドファンディングの企業で、利他主義のミッションを中核に据えるキックスターターは、Bコープ企業の好例だ。米ビジネス誌ファストカンパニーの記事によれば、キックスターターの創業者たちは数年前、金銭面での目標はすでに達成したとして、次のように決めたそうだ。「当社が今後も存在すべき理由は2つある。会社としてはアーティストの生活を向上させる斬新な製品を引き続き開発すべきであり、社員たちはコーポレートガバナンスの新しい動きを切り拓いていくべきだ」(注18)。同社は複数の目標を念頭に運営されている。利益だけでなく、社員およびサイト利用者の生活向上である。2017年のファストカンパニー誌の記事によれば、同社の幹部の収入は「平均的な同社社員の収入の5倍に満たなかった。(IT)業界の平均は95倍である」。そのうえ、ダイバーシティの取り組みも大半の企業の平均を上回っており、ダイバーシティ関連のNPOから来ていたインターンを全員雇用したという(注19)。

Bコープの企画が始まったとき、これが軌道に乗ると思った人はほとんどいなかった。

「利益よりもっと大きなものに注力していく」と公言するような企業に、投資家が資金を出すなど考えられなかったからだ。ところが、投資家は資金を投じた。Bラボに対する反発は強かったが、市場は受け入れる下地ができていたし、顧客や社員は会社の取り組みにお墨付きを与えてくれる認証を熱望した。

Bコープ認証があれば、企業は自分たちがESG問題に本気で取り組んでいると発信できる。そして、この発信は多くの人が重視する大事な発信である。さらに、今の世の中はこの種の企業行動を発見、発信する手段が増えていることを示す実例にもなっている。かつては、こうした問題に対する企業行動の評価を知ることは不可能だった。そもそも評価基準さえなかったので、ESG関連の数値を公表するよう企業に求めることも考えられなかったのだ。

評価基準については第3章で深掘りするが、ここで指摘しておきたい大事な点は、評価基準が今は存在し、その普及も進んでいることだ。グローバル・レポーティング・イニシアティブ（GRI）やサステナビリティ会計基準審議会（SASB）といった組織が、世界中の企業に対し、この種の取り組みに関する詳細な情報開示を求めて戦ってきた。今や何千何万社もの企業がESG関連のデータを公表しており、公表しない企業は何かを隠しているのではと疑われるほどだ。S&P500企業を見ると、2011年には公表企業は

20％未満だったが、2019年には90％近くが公表している。

こうした評価基準に沿うような善行への圧力は極めて強く、今では自社の問題行動を隠そうとする企業よりも、自社の善行を伝える手段を探す企業のほうがはるかに多いほどだ。第3章では「隠し事の消滅」についても触れる。企業は環境汚染や搾取工場、児童労働、社内スキャンダルを昔のように隠すことはできない。報告義務の増加やメディアの注目度の高まり、ソーシャルメディアの普及のおかげだ。とはいえ、ほとんどの場合、企業は何かを隠そうとするのではない。逆に、喜んで情報を発信したいのだ。顧客、社員、投資家がそのような情報を知りたがっていると理解しているからだ。

Bコープ認証の他にも、ESG問題への積極姿勢を示すために多くの企業が採用している企業モデルがいくつかある。その1つが「パブリック・ベネフィット・コーポレーション」（PBC）だ。キックスターターは2015年、Bコープからさらに進んだことを示すためにこれを取得している。また2012年にカリフォルニア州で始まった「ソーシャル・パーパス・コーポレーション（SPC）という法人格もある（他の複数の州もこの仕組みを採用している）。SPCの法人格を取得すると、企業としての意思決定に際して環境問題と社会問題を考慮できるよう、経営陣に法的保護が与えられ、会社の約款に環境問題または社会問題に関する自社のパーパスを明記するよう要求される。似たような企業形態は世界各地に多数ある。イタリアの「ソーシャル・ベネフィット」、英国の「コミュニティ・インタレスト・カンパニー」、カナダのブリティッシュコロンビア州の「コミュニティ・コントリビューション・カンパニー」などだ。

　Bコープの取得や企業形態の変更まではしようと思わない企業でも、ESG問題重視の姿勢を市場に伝える手段はいろいろある。まずは、四半期業績予想《ガイダンス》（「四半期業績報告書」ではない）をやめればいい。これは、社会貢献に関する長期的な戦略目標ではなく、短期的な利益のみを重視する考え方を推し進めるからだ。そして、「インテグレイテッド・ガイダンス・フレームワーク」と呼ばれる手法を採用すればいい。これは、企業の長期的な目標を効果的に発信するため、通常の投資家向け情報に将来的なESG関連の情報も加える方法だ。また、国際統合報告評議会（IIRC）が推薦するような統合報告書《インテグレイテッド・レポート》を発行する手もある。社内や将来の社員候補に向けたメッセージとして、社員のパフォーマンス評価の指標を自社のパーパスに沿ったものに変えるという方法もある。

　上記はいずれも、自社のESG問題への積極姿勢を示す、どちらかといえば公式な手法である。だが、あまり形式張らない伝達手段もたくさんある。最も基本的なレベルでは、自社のウェブサイトを通じて消費者・社員・投資家に自社の優先課題を伝えればいい。零細企業から大企業に至るまで、ほとんどの企業がサイトで自社のさまざまな社会的使命やパーパス、それに向けた取り組みについて語っている。通信会社(例えばベライゾン・コーポレーション)とパーパス経営を結び付けて考える人はあまりいないだろうが、ベライゾンは世界をより良くするという公約についてサイトで堂々と語っている。「我々は炭素の少ない未来を目指すと約束し……この先の経済で最も弱い立場になる人々のスキルアップやリスキリングのために尽力すると約束し……隣人の支援とコミュニティ構築を信条とします」(注20)

こうした言葉は、中核事業への関心を逸らし、本来なら株主のものになるはずだった利益を無駄遣いしているとして、以前なら批判されたであろう。そして、この種の言葉の中には口先だけの安っぽいもの――いわゆるパーパスウォッシュ(見せかけだけのパーパス)――についても後に触れる――も確かにあるが、今やほぼすべての企業がこの種の発言をしないわけにはいかないと感じているという事実は、〝社会にプラスの影響を与える〟と誇示することが企業の生き残りに関わる問題になったことを示している。

意思表示:消費者と社員のパワー

消費者と社員がこうした問題を重視している証拠は、ただ人々が企業行動を知りたがることだけではないし、ESG要因が人々の選択を左右するということだけでもない。消費者や社員による意思表示として「アクティビズム」（社会に訴える積極的な行動）が激増しているのだ。労働者は権利のための闘いを昔から続けている。組合を結成し、団体協約を求め、要求が受け入れられないときはストライキを行った。とはいえ、ストライキを行う労働者と聞くと、我々はヒエラルキーの最底辺にいる人々を思い浮かべる。工場労働者や時間給従業員、選択肢やチャンスがあまり与えられない人々だ。だが今は違う。行動を呼びかけるのは、必ずしもヒエラルキーの最底辺にいる人々とは限らないし、その要求内容も、自分の労働環境の改善ではなく、勤め先企業が他の人々やこの世界をいかに扱うのかという点に変わってきている。

2019年、8700人を超えるアマゾンの社員が、気候変動に対する取り組みを改善するよう同社に求める要望書に署名した。(注21) 彼らは「気候正義のためのアマゾン従業員の会」を結成し、ストライキを行い、2040年までにカーボンニュートラル（炭素中立）を実現すると公約するよう会社に求めた。グーグルでも、いくつかの倫理的問題や環境問題について自社に改善を求める社員――年収数十万ドルの社員も少なくない――の運動が広がっている。ロサンゼルス・タイムズ紙は、テック企業の社員アクティビズムを掘り下げた2019年の記事で次のように書いた。「この新種のアクティビズムの担い手である社員たちは、自分の労働環境と同じだけ、自分の雇用主である数十億ドル規模の大企業が社会に与える影響について心配している」(注22)

テック企業だけの話ではない。家具などをオンライン販売するウェイフェアの社員は、不法移民の子供を拘置するテキサス州の政府施設の運営主体に、自社が20万ドル相当の商品を売ったことを知り、ストライキを行った。(注23)

もう1つ実例を挙げよう。製薬業界の巨大企業メルクは、新世代の社員が何を大事に考えているか理解し、社員に信頼される会社になるため先に手を打っておこうと決めた。2018年、エボラ出血熱のワクチン開発について投資家に説明する場で、当時のCEOケン・フレージャーはこう語った。「メルクのような企業がエボラ用ワクチンを開発する理由ですか？　エボラ用ワクチンが商売になるような市場はほぼ皆無です……メルクが即座に金銭的価値を得られるであろうほどの患者人口はいません。しかし、こうは言えるでしょう。（エボラ用ワクチンの開発は）当社の社員に与える影響という側面だけで、とてつもない事業価値を生み出すのです」(注24)

フレージャーはさらに続ける。「当社のような科学中心の組織で、何かを生み出せるだけの能力を持つ科学者に対して、〝大きな商売のできる市場が見当たらないからそちらには行かない〟などとは口が裂けても言えないでしょうね。そして、パーパス主導の組織で

あるとはそういうことだと私は思います」(注25)

社員は自身の労働環境だけでなく、勤め先が世の中に対してどのような行動をしているのか、自分が重視する大義に対してどのような貢献をしているのか(害をなしているのか)も大切に考えている。このような考え方をする社員はこれまで一般的ではなかった。それが時には会社を動かし、方針を変更させたり別の選択をさせたりするという事実は、歴史的に企業行動がどのように理解されてきたかを考えれば、驚くべき変化といえよう。勤め先企業の行動に対する社員の反対運動について、巨大保険会社エトナの元CEOロナルド・ウィリアムズは「こんなことが起きるなんて20年前には想像もできなかった」とクオーツ誌に語っている。(注26)

社員の選択肢が増えていること、そして彼らは職場でも自分の価値観に従って生きるつもりであることを、企業は理解している。ロサンゼルス・タイムズ紙が伝えるように、グーグルは何年も前から社員に対し「〝自分の全人格を職場に持ってくる〟よう強く勧めて」おり、この種のアクティビズムを通して社員が自分の価値観をさらけ出す活動を心置きなく職場で行えることは、結果にもつながっている。(注27)

グーグルは2020年に57億5000万ドルのサステナビリティ債を発行したが、私はその理由を同社幹部に聞いて驚いたことがある。一般にサステナビリティ債は、調達した資金を環境や社会に役立つこと、例えばエネルギー消費を削減するとか、手頃な価格の住宅を提供するとかにのみ使うと保証する債券だ。グーグルのように（豊富な手元資金があり）キャッシュを必要としない企業がサステナビリティ債を発行するのはとても不思議だった。その種の債券だと発行条件が有利になり、通常より低コストで資金調達できるからだろうか、と私は思っていた。ところが彼らの答えは違った。社員のためだというのだ。グーグルの社員はサステナビリティ問題をとても大事に考えているので、会社としてもこの問題に真剣に取り組む姿勢を何か正式な方法で示さないわけにはいかなかった、というのだ。キャッシュの必要性とは無関係だった。

消費者によるアクティビズムの話も似たようなものだ。2017年のウーバーに対するボイコット運動（#DeleteUber）が好例だろう。当時のドナルド・トランプ大統領が複数の国をテロ活動と結び付け、米国への入国禁止令を出すと、タクシー運転手による抗議のストライキが広がった。ウーバーはこれを商機と捉えて積極的な宣伝を行ったことで、消費者から激しく批判され、何十万人もの消費者がウーバーの利用をやめた。(注28) さらに同社を舞台とするセクハラ問題が表面化すると、いっそう多くの人が利用をやめた。元社員のスーザン・ファウラーが同社のセクハラ文化や性差別について公開質問状を突きつけ、CEOのトラビス・カラニックは自身のスキャンダルもあって辞任に追い込まれた。

米VOXメディアは消費者アクティビズムを取り上げ、「問題意識を持つ消費者運動とは、自分が同意できるブランドから購入し、そうでないブランドからは購入しない、という人が増えること」と解説した。(注29)消費者アクティビズムは若者中心に広がっているが、決して若者だけの動きではない（ある調査によると、ミレニアル世代が購入を決める第1の要因はブランドの世評だ。「エネルギー消費量を削減した企業は選好される確率が32％上がり、慈善活動に寄付した企業は30％上がり、大衆の声を聞く企業は20％上がる」という）。(注30)VOXは、コーネル大学の歴史学者ローレンス・グリックマンの言葉を引用し、消費者の3分の2は少なくとも年に1度は不買運動に参加していると伝えた。(注31)

価値観の変化：物的資本から人間関係へ

本章で最後に取り上げるテーマは、今の資本市場では人々（および企業に対する彼らの評価）が昔よりはるかに重要になっている、という考え方だ。かつて、企業の価値は物的資本と生産能力でおおむね決まった。成功している企業とは、優れた生産設備と大きな工場を持ち、最も効率的に商品を生産・分配できる企業のことだった。今、企業の成功を左右するのは「人」である。社員の質と顧客との関係で決まる。

まだ人々が今ほど選択肢も情報も持っておらず、企業への不支持を表明する現実的な手段もなかった頃、企業は人的要因を軽視できた。今はそのようなやり方はできない。権力の移行が起きたのだ。ビジネス界を見ればそれがはっきりわかる。今日の経済を動かしているのは有形資産ではなく無形資産、すなわち組織内の人材とスキル、そして組織の外で蓄積した社会資本である。世界で最も成功している企業——例えばグーグルやフェイスブック（現メタ・プラットフォームズ）——を見れば、そこで最大のパワーを持っているのは人的資本であり、彼らはそれを保持する必要性を理解している。だからこそグーグルやフェイスブックは社員アクティビズムにきちんと応え、変化を起こしたりそれを約束したりするのだ。だからこそウォルマートは消費者の抗議に応えて弾薬の販売をやめたのだ。(注32)

企業の市場価値（発行株式の市場価格を合計した時価総額のこと）と帳簿価格（総資産をすべて売却したら得られる金額）を比べてみよう。これまでなら、市場価値はおおむね帳簿価格（所有物、生産設備、在庫など）を反映していた。市場価値の80％はこうした物的資本に結び付けることができた。この比率は今では逆転している。市場価値の20％は帳簿価格で決まるが、残る80％は無形資産、すなわち人的資本と蓄積された社会資本で決まる（図表2－2を参照）。グーグルの市場価値は1兆ドルを超えるが、その理由はネットワークサーバーなどの設備の価値や本社ビルの不動産価格ではなく、同社が蓄積した社会資本、

図表2-2｜S&P500企業の有形資産と無形資産の比率

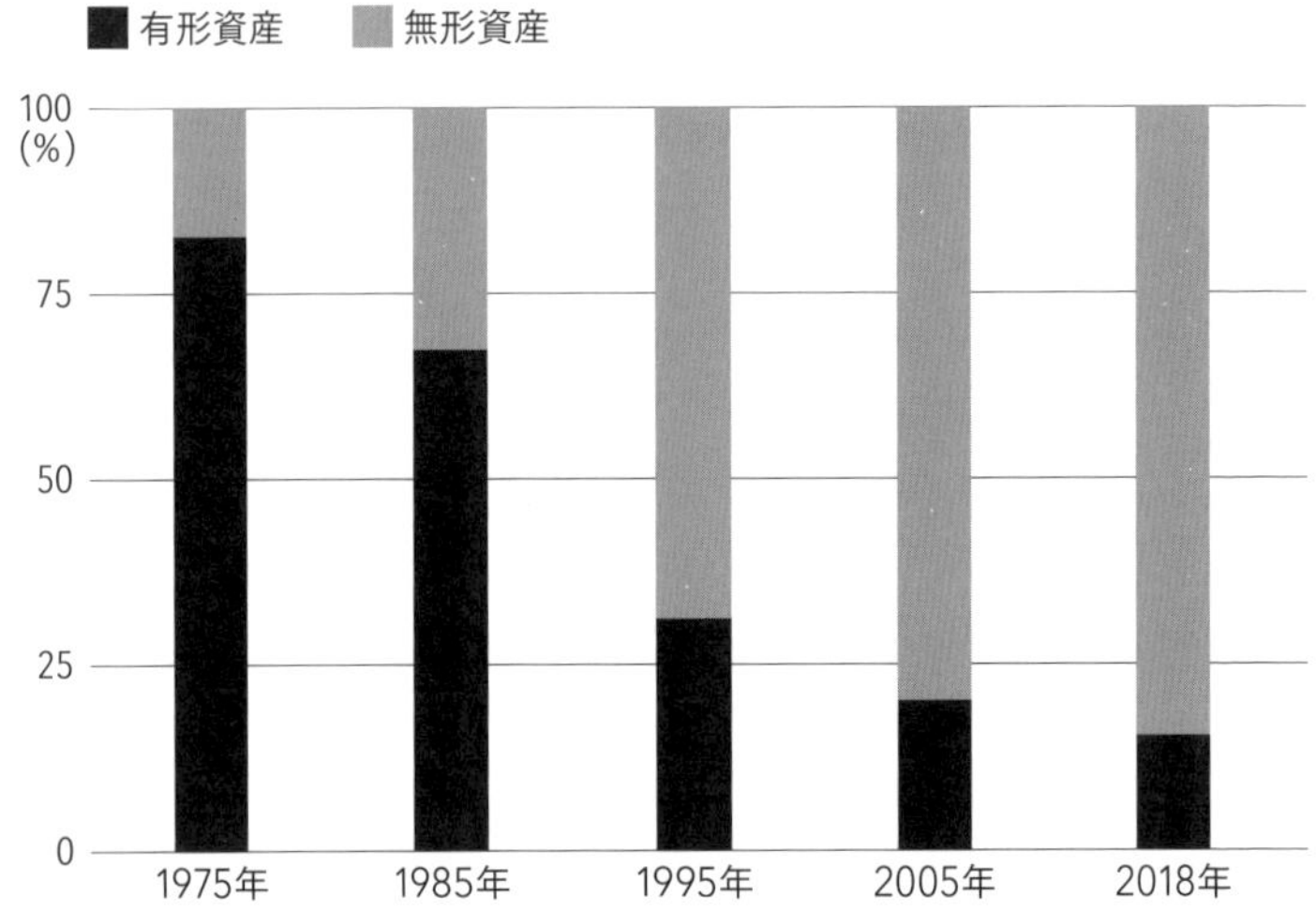

人的資本、社員、熱心なユーザー、知的財産のおかげなのだ。

ゆっくりと起きたこの逆転により、社員と顧客が運転席でハンドルを握ることになった。彼らの声と影響力は高まり、自分の価値観や嗜好に沿って生きることができるようになり、パーパスを追求する本物の力を行使できるようになった。これらすべてが相まって生まれたのが今の状況だ。

今や企業はこれまでと異なる行動を余儀なくされ、社員や顧客になってほしい人が心に抱く環境や社会への懸念に寄り添わねばならない。だが実際にそうなってみると、これは決して企業にとっても悪い話ではない。それどころか、以下のデータが示すように、パーパス主導の企業行動は利益に結び付く。正しいやり方さえ守っていれば――。

パーパスは真の差別化となる

組織としてパーパスを持つことは最終的に事業にとってプラスになる。だが、〝パーパスを持つ〟というのは、幹部の素晴らしいスピーチとかウェブサイトのミッションステートメントだけでは達成できない。流行語の〝パーパス〟をハッタリとして使うだけの行為は、一部で「パーパスウォッシュ」と呼ばれる。そうではなく、パーパスを組織全体に浸透させ、社員の動機付けや報酬制度、採用過程、顧客経験などにもそれが反映されなければならない。

「パーパスを正しく使うのは難しく、誤用するのは簡単です」と言うのはコーズマーケティングの第一人者キャロル・コーンだ。「パーパスを求める企業が増えるにつれ、正しい使い方をしない企業も出てくるでしょう」(注33)。では何をもって〝本物のパーパス〟といえるのか――。それは、本社ロビーに貼られたポスターやウェブサイトに書かれる素敵なフレーズではない。すべての社員が自社のパーパスを明快に理解し、常にそのパーパスに基づいて行動できると感じ、自然にそのパーパスを支援したいと思えること、それが〝本物のパーパス〟なのだ。

私と共同研究者（ペンシルバニア大学ウォートンスクールのクローディン・ガーテンバーグとコロンビア大学のアンドレア・プラット）による、400以上の組織で働く50万人の社員をサンプルにした調査で、職位の低い社員ほど組織のパーパスを信じていないことが明らかになった（図表2‐3を参照）。加えて、社員が仕事に意義とパーパスを強く感じており、経営幹部からもそのパーパスが明快に伝わってくる――わかりやすい説明や言動の一致、中間管理職への浸透など――とき、組織の業績は向上する（図表2‐4を参照）。(注34)

調査で示されたのは中間管理職層の重要性だ。戦略とビジョンを実行に移すのはまさに彼らだからである。例えば、多様性に満ちた社員を大勢採用してじっくり育てようと経営幹部が話し合ったとしても、中間管理職がその考えを実行できるような環境整備をいっさい行わなければ、その試みは失敗する。消費財メーカーが今後はより健康的な製品を提供していこうと決めたとする。だが、中間管理職に対してそうした製品を開発して売り込んでいくよう仕向ける財務的インセンティブを用意しなければ、やはりこれも失敗するだろう。相変わらず四半期ごとの売上目標で彼らを評価し、新製品開発の予算や新コンセプトのマーケティング予算も与えなければ、うまくいくわけがない。

図表2-3｜パーパスをどれほど信じるかは職位で異なる

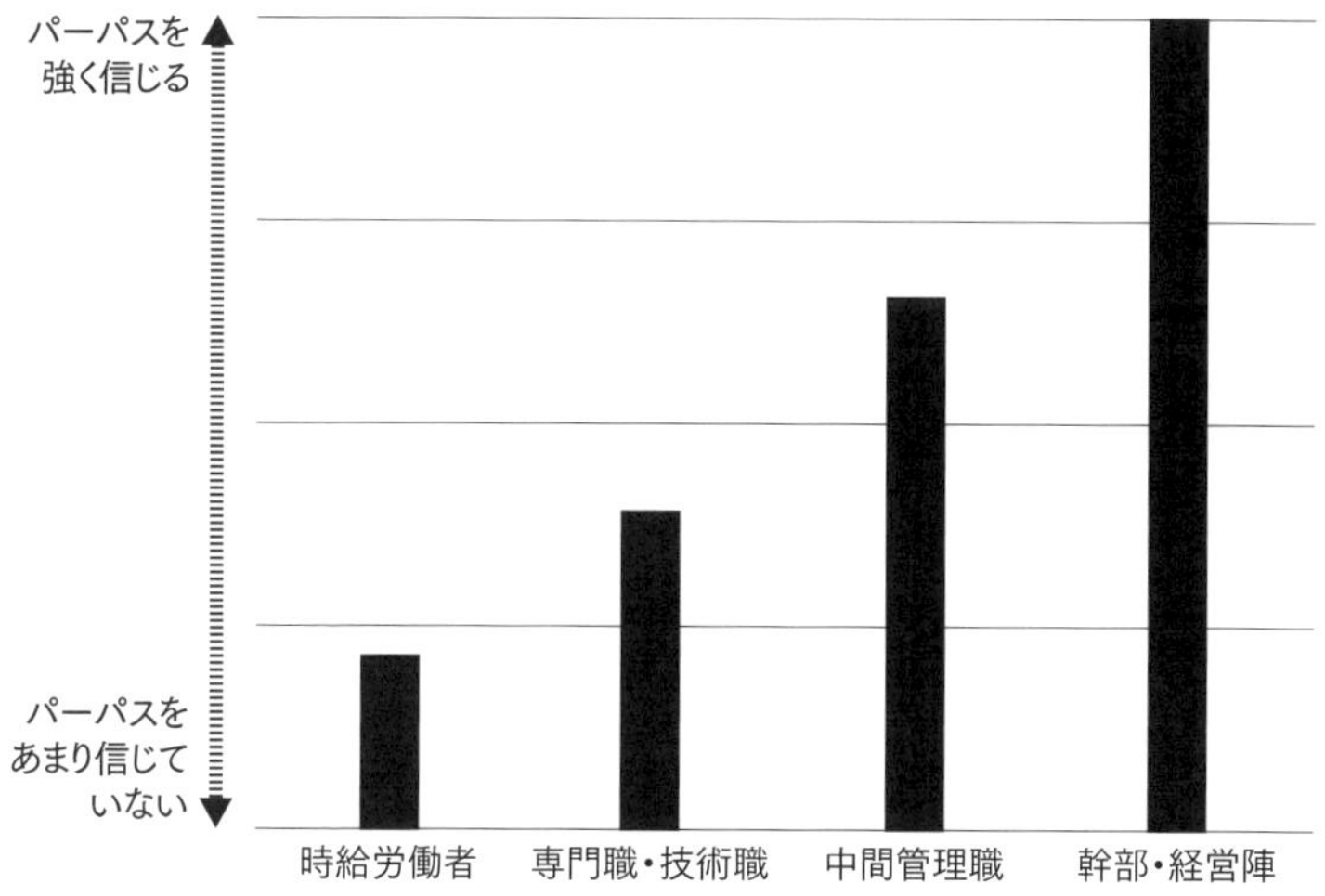

図表2-4｜職場におけるパーパス浸透度

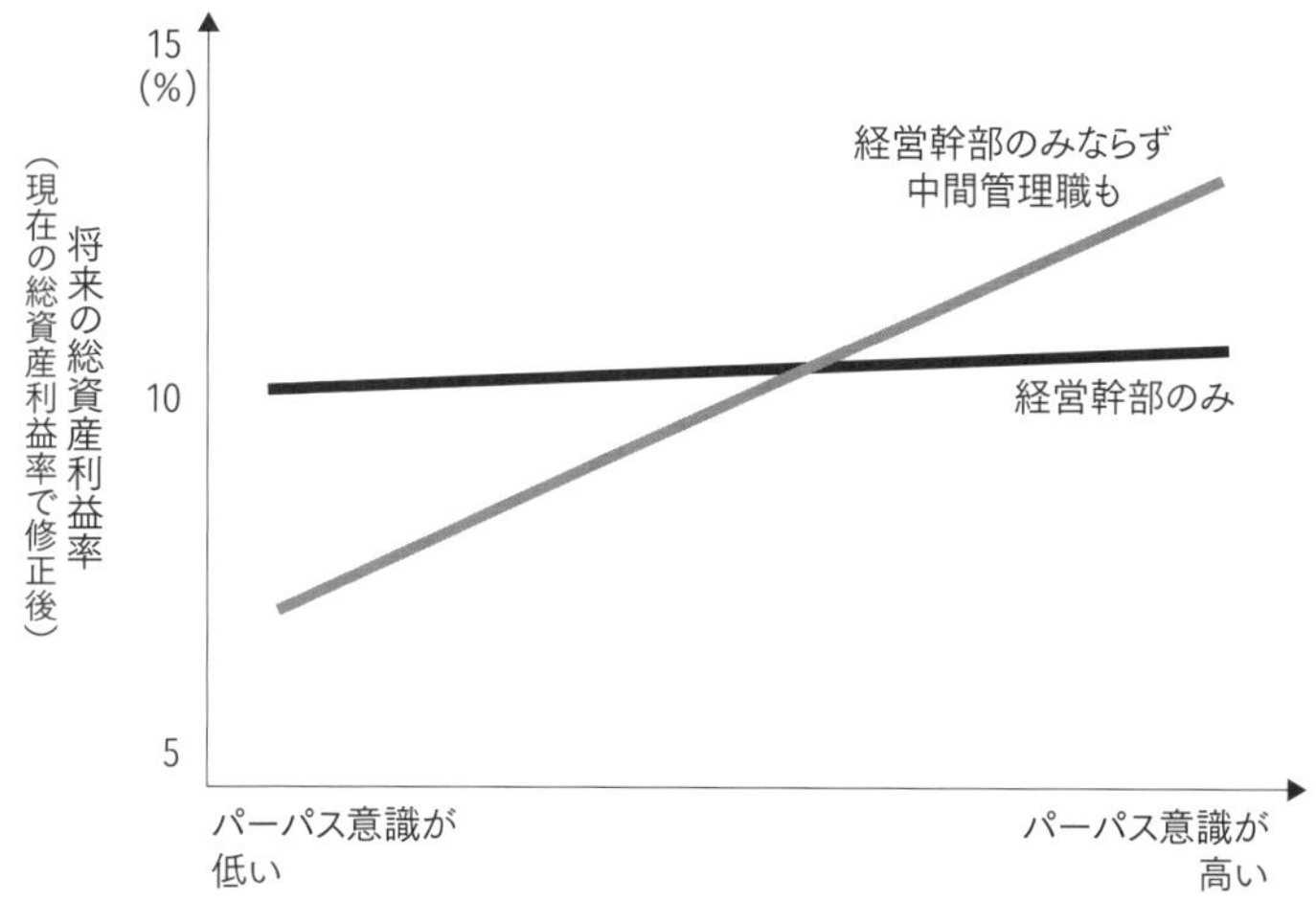

こうした中間管理職の問題は決して小さくない。中間管理職のパーパス意識が高く（アンケート調査で「自分のやっていることには特別な意味があり、たんなる仕事ではない」とか「地域社会に役立っているので気持ちがいい」「成し遂げたことを誇りに思う」「ここで働いていると誰かに話すときに誇らしく思う」などの項目に高得点を付けている）、同時にパーパスの明快度も高い（「経営陣は組織の目指す場所とそこまでの道筋についてはっきり見えている」などの項目に高得点を付けている）企業は、財務数値の見通しも良く、株価も高かった。年間の株価にしてざっと6～7％の差になる。(注35)

また、ガーテンバーグと私の共同研究で興味深いことがわかった。1000社を超える上場企業および非上場企業の社員150万人を調べたところ、パーパスは企業の所有形態によって大きく異なることが判明したのだ。上場企業の社員のほうが非上場企業の社員に比べ、パーパス意識が低いのである。(注36)

メールによるマーケティングサービス企業、メールチンプの共同創業者ベン・チェストナットは、この意識の差を次のように説明する。

「私が何かをつくり出すと、顧客がそれを買って使っている様子を見ることができます。それはものすごい満足感を与えてくれます。ところが、明らかに投資家のために何かをつくり出している企業をたまに見かけます。で、その投資家の目的は何でしょうか。富を増やすことだけです。それは私のミッションとは合いません」(注37)（メールチンプは2001年の創業以来ずっと非上場企業のままでいる）

このような確固たる姿勢こそパーパスの強力な原動力になる。トップが短期間で入れ替わる企業よりも、長期的視野を持つオーナーのいる企業のほうが、強いパーパス意識を育てられる可能性が高い。(注38)

さらに、コロンビア大学のバネッサ・ブルバノの研究により、企業のソーシャルパフォーマンス（SP：社会への貢献度）と就職先としての魅力との間には、正の相関関係があることが示された。SP評価の高い企業にはより多くの就職希望者が集まり、より安い人件費で雇えるうえ、彼らは熱心に働いてくれる。(注39)この効果は、成功に欠かせない人材に対して最も強く働く。優秀な求職者ほど企業の社会貢献制度への反応度が高く、その種の制度がある企業で働けるなら賃金は気にしない傾向があると示された。

もちろん、自社にふさわしい人材を見つけるのは本当に大変なことである。個人の技能を磨くことに熱心で、組織のパーパスに強い共感を示す人を探すことが重要だ。長年の観察によれば、パーパスを重視する優秀な人材を獲得できている企業は、採用活動とオンボーディング（新規採用者を業務や職場に慣れさせる過程）に平均以上の予算を割く傾向がある。企業は、本気で優れた人材を採用したいという熱意を、言葉だけではなく行動で示す必要があるのだ。

結局、研究結果は極めて明快だ。パーパスは人材獲得にも企業業績にも大きな影響を与える。〝インパクト世代〟の消費者および社員から見れば、企業の利益とは、その企業が世の中でどのような行動をするか、そして価値観に沿った生き方を人々にさせるのかどうかに応じて、ある程度は決まるのである。

企業行動を消費者や社員が知るための一要素として、透明性の話を前にした。SNS時代になって企業が昔のようにスキャンダルを隠すのが難しくなったことからも、この透明性というテーマはもっと掘り下げる必要がある。

次章では、隠し事ができないことが「パーパスと利益の調和」(ニューアラインメント)にとってどれほど大きな意味を持つかを論じる。そして、スキャンダルを隠せないため、企業が成功するための必須の条件として、世の中における自らの行動に注意深く目を光らせなければならないという新たな構造についても論じる。さらに、企業行動を投資家や一般市民に知らせるために誕生した新しい評価基準についても解説する。

第3章

透明性と結果責任：もはや隠し事は不可能

日時は問わない。いつであろうと、ツイッターの検索欄に「企業スキャンダル」と打ち込めば、必ず何かがヒットする。私がこの文章を書いている今、試しに検索してみると、自動車業界のトップ企業2社についてのスキャンダル記事が見つかった。この2社は、自社製品の吐き出す二酸化炭素が気候変動の一因になることを50年前から知っていた、という記事だ。それ以外にも、オーストラリアの建設会社による10億ドル規模の贈収賄事件や、ドイツの電子決済のスタートアップ企業が10年近く粉飾決算を続け、20億ユーロ相当をねつ造していたと認めた記事も見つかった。検索を続ければさらに多くが見つかることは間違いない。

20～30年前なら、気づかれることもなく、報道もされず、世間に知られるなど確実にならなかったであろう事実が、今ではクリック1つで知られてしまう。遠くの国で何かが起きたとしても、誰かがｉＰｈｏｎｅでさっと写真を撮るか、フェイスブックに数行の投稿をするか、隠し撮りした動画を流せば、それだけで情報が急速に伝播する。新聞がそれを取り上げ、あっという間に世界中に拡散する。仮に私が多くの人の興味を引きそうなことを知っていたとしよう。それを一銭もかけずに、今すぐに、何の困難もなく、世間に伝える方法はいくらでもある。

企業行動に関する情報の増加を考えるとき、私はグローバル・レポーティング・イニシアティブ（ＧＲＩ）の共同創業者アレン・ホワイトとの会話を思い出す。ＧＲＩは25年近くにわたり、サステナビリティ報告書の標準規格をつくり、それを世界に広めてきた。企業の社会的インパクトの情報開示を助け、サステナビリティ目標に関わる共通言語を生み出し、世界中の企業の透明性アップのために奮闘してきた組織である。

ホワイトがＧＲＩを立ち上げたきっかけは、エクソン・バルディーズ号の原油流出事故だ。環境問題に関する説明責任をきちんと果たしてもらいたいという思いで始め、後に環境だけでなく社会・ガバナンス・経済問題へと守備範囲を広げていった。彼の目標は、我々みんなに企業行動に関する大きな発言権を与えることだった。株主や投資家は常に発言権を持っており、投資先企業の財務情報も手に入れられる。これは財務会計基準のおかげだ。

だが株主でも投資家でもない人々は、企業が何をしているのかを知るためのデータもなく、企業行動を見るための実際的な手段がなかった。このため、発言権を持ちようがなかった。このような行動をする企業よりも、あのような行動をする企業を選びたい、という選好を表明できなかった。なにしろ企業の行動を知らないのだから——。情報がなければ、情報に基づく選択もできないし、そうした選択を通して自分の意思を表明する自由もおのずと制限される。

だが、今の世の中は違う。1990年代、ナイキの搾取工場に関して多くの報道がなされた。突然みんなが工場の労働環境を気にし始めたのだ。そして、目にしたものに肝をつぶした。我々がこのナイキのスキャンダルをよく覚えているのは、長い間、これが世間一般の目に触れた唯一の事例だったからだ。今、新聞を開けば、ナイキと同程度かもっと酷いスキャンダルを毎日のように目にする。本章ではこの〝情報爆発〟について、また得られた情報を活かすために我々がすべきことについて論じる。企業の社会的インパクトを評価する基準や指標についても触れ、そうした新しい〝モノサシ〟によって企業の成功の意味がどのように再定義されたか述べる。そして、我々が知れば知るほど気にするようになり、そのため企業の善行がますます業績向上に結び付くという好循環につながっていることも論じる。

フォックスコンのスキャンダル

私は授業で台湾に本拠を置くフォックスコンについて教えている。同社の電子部品工場が中国にあり、そこでアップルやヒューレット・パッカードなどに納入する部品を製造している。2010年、この工場で数カ月の間に十数人の労働者が自殺した。

フォックスコンの労働環境はぞっとするほど酷い。社員同士の会話は禁止。トイレ休憩は2時間ごとに10分しか認められない。法定労働時間の2~3倍の長時間働かされることも多い。ところが、中国の地方から出稼ぎに来た、教育もスキルもない若い労働者(社員の平均年齢は21歳で、中には15歳もいる)にすれば、他に得られる仕事と比べて同社は極めて恵まれた職場なのだ。他のもっと小規模な工場と違い、フォックスコンは約束した賃金を本当に払ってくれるし、住宅費や食費のための補助金もある。工場敷地内には無料の社員寮もある(後述するが社員寮にはデメリットもある)。

労働環境の悪化は、世間の注目を集める数年前から始まった。2007年と2009年には、少なくとも2件ずつ自殺が起きている。1件は、iPhone 4Gの試作品をなくしたと疑われた社員の自殺だった。2006年には英国のジャーナリストが標準以下の社員寮の実態を暴いた。真夏でもクーラーはなく、そのため悪臭が漂い、社員の間では〝生ごみ寮〟と呼ばれていると(注1)――。

とはいえ、フォックスコンの話が全世界の注目を集めるのは、2010年の一連の自殺が起きてからである。1月、19歳の馬向前《マー・ジアンキアン》の自殺でメディアの注目が一気に集まった。彼は死ぬまで暴行を受けたと馬の姉が主張したからだ（遺体には暴行の痕が残っていた）。さらに、馬は工場の道具を壊した罰としてトイレ掃除を命じられていた、という報道もあった。

その後も短期間に自殺が相次いだことでメディア報道が増え、ついにアップルは事態を把握するためにティム・クックを、次いでCOO（最高執行責任者）を、自殺防止の専門家2人と共に中国に送り込んだ。この結果、フォックスコンは社員に「自殺しません」という誓約書を書かせ、建物の外壁に落下者を受け止めるネットを設置した。同社の株価は2010年に24％下がり、本書の執筆時点でも2007年の最高値の4分の1未満である。

ソーシャルメディアが台頭し、情報が広く素早く伝わるようになったため、アップルなどの企業は機械学習技術を利用して、フォックスコン級の悲劇が自社のサプライチェーンに起きないよう、隠れた問題に目を光らせることが可能になった。こうした技術は企業が破壊的なイメージダウンを避けるための一助となるだろう。

◉情報だけでは不十分

あれから10年経つが、フォックスコンのような企業が大ニュースになったのは1度や2度ではない。情報発信者が多様になったおかげで、メディア報道だけに頼る必要はもはやない。今や我々はデータを持っているのだ。何千何万という企業が、自社のESGに関する情報を公開している。企業の自己報告だけでなく、研究者は体系的にデータを収集している。財務数値や昔ながらの評価指標よりも詳細なデータを。

次の第4章では、企業のコロナ禍対策に関する私たちの研究を紹介する。特定の企業に対するメディア報道が肯定的だったのか否定的だったのかを判断するため、11の言語にわたる世界中の何千何万というニュース発信元に自然言語処理を適用したデータを用い、感情評点（センチメントスコア）をはじき出した。スコアがマイナスになるのは、例えばレイオフの実施や、感染者の有給休暇制度がないといったニュースだ。一方で、〝パンデミック期間に社員の安全を優先した〟といった記事はプラスの評点になりやすい。

この研究は、新しいデータ収集技術の一例に過ぎない。かつては手作業で大量に集めるのがほぼ不可能だったデータを処理できるようになったおかげで、作業対象にできるデータが増えただけでなく、企業行動に関する知見も得られるようになった。とはいえ、情報――財務データだろうが個別事例だろうが感情評点だろうが――にできるのはそこまでだ。我々の情報収集能力がどれだけ役立つかは、その情報からどれだけ意味を拾い出せるかにかかっている。例えば、「私の体内には250億個の赤血球がある」という情報をあなたに与えたとしても、あなたが評価の基準や標準を知らなければ、その情報を解釈できないだろう。標準的な人には赤血球がいくつあるのか、赤血球の多寡は人体にとって大事なのか、その数値に意味はあるのか――。こうしたことを知らなければ、〝250億個の赤血球〟は極めて多数に思えるかもしれない。だが、成人には平均で25兆個の赤血球があり、平均値の1000分の1しか赤血球がないことは極めて重要な意味を持つと聞けば、情報の解釈は変わるだろう。

情報公開と透明性

企業の環境的・社会的インパクトに関する調査研究は長い間手つかずだった。それどころか、何が起きているのかを財務データから垣間見るくらいしかできなかった。米国では20世紀前半まで財務報告の標準仕様はなく、20世紀中頃まで義務化もされていなかった。

今では公表するのが当たり前と思われている売上高や資産などの財務データも、かつては大企業でさえも公表していなかった。異なる企業の財務実績を比較するために会計基準をつくるべきだという声があがったとき、多くの有識者が反対した。すべての企業に適用できる収益や資産の計算方法を編み出すのは不可能だし、それほどの透明性が生まれたら多数の企業が競争力を失うだろう、というのがその理由だ。彼らは間違っていた。企業と資本市場は、財務状況の説明責任を課されたにもかかわらず繁栄したのではなく、それゆえに繁栄したのだ。

標準的な財務報告書の内容は、過去100年かけて次第に発達してきた。当初は貸借対照表と損益計算書、キャッシュフロー報告書だけだったが、今は開示事項が大幅に増えている。経営者による財務・経営成績の分析、説明資料、将来目標に関する情報などだ。それでもまだ不十分だという人は多い。今の企業は、どの会計原則を採用するか自由に選べるし、財務報告書に含める資料の取捨選択に大きな裁量を与えられているからだ。

ESGに関する情報を財務報告に盛り込むというアイデアも、当初は同じように懐疑的に見られていた。一部の人は、透明性が増せば企業の善行が増えるだろうと考えたが、それ以外の人々（国際会計基準審議会の会長も含む）は、サステナビリティ報告を導入しても、かつて役員報酬の開示を導入したときと同じ結果になるだろうと考えた。すなわち、たまに新聞のニュースになるくらいで、意味のある変化は起こせないだろうと。

潮目が大きく変わり始めたきっかけは、1984年に起きたインドのボパール化学工場（米ユニオンカーバイド）のガス漏れ事故や、1989年にアラスカで起きたエクソン・バルディーズ号の原油流出事故など、世界の注目を集めた大事故だ。こうした悲劇が繰り返される一因は、経営者が健康と安全の問題を軽視してきたからだと受け止められた。1995年、ロイヤル・ダッチ・シェル（現シェル）が人権侵害で批判されたとき、同社は悪化した評判を回復するため、大手企業として初めて〝社会的責任報告書〟を発行しようと考え、1998年に第1号を発行した。他社もこれに追随したが、きちんとした基準もないままであり、恣意的に素晴らしいデータだけを掲載する〝グッドウォッシング〟（見せかけの善行で悪評を洗い落とすこと）だった可能性が極めて高い。

実際、本当に透明性が善行を生み出すのかどうかを考えると、どちらが原因でどちらが結果なのか判断が難しい。悪い行動をしている企業はおそらく情報公開をしないだろうし、自発的に情報公開する企業でも、自分たちに都合のいい話に仕立て上げているかもしれない。だからこそ、企業間の比較を可能にする評価尺度が必要になる。報告書のデータは合理的な方法、つまり企業間の比較ができる方法で掲載されているだろうか？　その企業の行動に大きな意味があるかどうかを読み取り、善行か悪行かを判断できる材料を提供しているだろうか？

我々の研究では、このテーマに関して2つの線を追った。1つは「結果責任」――我々が情報を持つことがより良い企業行動につながるか――であり、もう1つは「価値の妥当性」、すなわち、企業のESG関連の実績を知ることは将来に役立つ情報を与えてくれるのか、財務数値だけから見える企業の姿に加え、その企業の新しい側面が見えてくるのか、である。この2点を順番に見ていこう。

◉結果責任：自発か強制か

どこであろうと巨大な都市に住み、地域ニュースに目を通している人なら、レストランの衛生問題の話題を何度となく目にしているはずだ。夜になるとネズミが大手ファストフード店を乗っ取り、店内を走り回る姿を窓越しにとらえた映像――。2010年、ニューヨーク市はレストラン評価制度を導入した。大手飲食店は、最新の衛生検査に基づきA～Cで示される評価を窓に表示することが義務づけられた。(注2) この制度は、強制的な情報開示の効果を調べるうってつけの事例となる。大手飲食店はこの制度から逃げることはできない。グッドウォッシングは不可能だ。したがって、「情報開示はそれだけで良い結果を生み出せるのか」という問いに答えが得られる。

このケースでは、答えはイエスだった。レストラン評価制度の導入前の3年間と導入後の3年間を比べた結果、A評価に相当する衛生検査結果は35％増えた（そして、サルモネラ菌による食中毒は市全体で毎年3・5％ずつ減少した）。[注3]別の研究では、消費者に彼らのエネルギー消費量と近隣住民のそれとを比較したデータを送ったところ、エネルギー消費量が減少したという結果も報告されている。

その一方で、米国で導入されてきた健康レポートカード制度（国民の健康状態改善のため個人の健康情報を記載した報告書）は、個人の選択に大きな影響を与えていない。温室効果ガス排出量の報告が義務化されても、企業行動に目立った変化は見られない。我々が情報を得るだけで結果が改善するケースもあるが、常にそうなるとは限らないのだ。そして、この種の取り組みが大きな成果をあげるには、低コストで行動を変えられることが決定的に重要になる。飲食店の厨房を清潔に保つのは簡単なことではないが、そうしなければ窓にC評価を貼り出され、客にそっぽを向かれるとなれば、なんとかするのである。一方、メーカーが生産工程全体を見直して、温室効果ガス排出の少ない工程に変えるというのは、飲食店の厨房改善よりはるかに大変な大仕事である。情報開示の義務化だけでは動機付けにならないのは、このせいかもしれない。

この10年、多くの国でさまざまなＥＳＧ報告の義務化が始まった。我々の研究では、これらの命令に従うことで情報開示と透明度が増し、一部の企業ではＥＳＧ関連の実績が改善した。さらに、報告義務の法令が公布された時点で、義務化された情報をまだ開示していなかった企業は、何も開示していないにもかかわらず株価が下がったことも研究で明らかになった。その理由は、開示項目の内容が良い企業はすでに開示しており、まだ明らかにしていない企業は何かを隠しているに違いない、と投資家が予想したからだ。こうして開示の義務化は狙い通りの効果をあげた。隠し事をなくしたのである。

◉―価値の妥当性：意味があるかどうかの問題

ＥＳＧ報告の黎明期には、より複雑な仮説が研究者の間で議論の的になった。透明性向上の効果は、結果責任によるＥＳＧ実績の改善をもたらすだけでなく、将来の財務実績の予測精度を向上させるような情報ももたらすのではないか、という仮説である。換言すれば、財務情報は実は遅行指標ではなかろうか、という問題提起である。一部のサステナビリティ指標で他社より優れた実績を示せた企業は、サステナビリティ面だけでなく財務実績全般において、将来も優れた実績を出せる状態にあるのではないか――。

この問題提起を念頭に、ジーン・ロジャースは2012年、サステナビリティ会計基準審議会（SASB）を設立した。SASBの目的は、産業ごとに異なるサステナビリティ基準を策定し、普及させることだ。その背景には、サステナビリティに関する企業行動の中でも財務数値に影響を与える「マテリアル《重要》要素」（「マテリアリティ」と呼ばれる）は、産業ごとに異なっているはずだ、という考えがある。例えば、銀行業界にとって、文書や顧客サービスのデジタル化が進む中で、顧客データの匿名性は日々重要性を増している。顧客の信頼は収益を左右するし、データ取り扱い規制の負担や裁判費用は新たなコスト要因になるからだ。一方、農業企業にとっては、気候変動で干ばつや水不足のリスクが高まる中、水管理の重要性が急浮上している。後述する**図表3-1**（103ページを参照）では、産業ごとに異なるマテリアリティの一部を示している。

米国証券取引委員会（SEC）はマテリアリティの定義として、次に示す最高裁の定義を採用している。「記載されなかった事実がもし開示されていた場合、合理的な投資家なら、判断材料とする情報の総合バランスを大きく変更していたであろう可能性が相当に高いもの」――ジーンはこの定義に基づき、各企業がどのサステナビリティ項目を投資家に開示すべきかを決めるための枠組みを構築しようとしたのである。(注4)

2011年初頭、SASBの構想について初めてジーンから聞いたとき、私は素晴らしいアイデアだと思った。そのような開示基準があれば、グッドウォッシングを減らし、企業間の比較可能性を高め、世界中の投資家に〝あなたに知らされていない重要な情報がまだあるので、その開示を企業に要求すべきだ〟と知らせることができるだろう。ジーンも私も、この構想を実現するには投資家の力を利用することが欠かせないと確信していた。彼らが本気で開示を求めれば、企業は応じるしかないはずだ。でないと必要な資金が得られなくなる恐れがあるからだ。

こうしてSASBは流れを一変させるゲームチェンジャーになった。大成功したのだ。私は2012年から2014年にかけてSASBの基準審議会に加わり、サステナビリティ項目の開示基準の作成に関わった。そこで、現状を変えようとするとどれほど強い抵抗が起きるかを知った。規制当局は、ジーンとSASBをほとんど助けようとしなかった。企業の幹部たちは、投資家が本当に関心を持っているのか懐疑的だった。

だが実際に開示基準が策定されると、人々が関心を持っていることが明らかになった。ゼネラル・モーターズやジェットブルー航空といった巨大企業を含め、何百社もの企業が我々の基準を採用することに同意し、これらの項目の開示をあらゆる企業に求める投資家が突如として増え始めた。この開示基準ができてみると、我々は企業同士を比較するための有意義なツールを手にしたと気づく。サステナビリティは主観的だとか計測不能だとか重要でない、という言い訳はもはや通用しない。

ESG要因は財務実績にプラスの効果を及ぼす

SASBが登場するまで、多くの人がESG要因の効果を算出し、企業の善行が本当に業績向上に結び付くのか明らかにしようと試みた。だが、マテリアルな要素が業界ごとに違うことを理解して初めて、どの数値を見るべきなのか判明したのである。こうした要素を選び出し、その数値が将来の財務実績にはっきりとした影響を及ぼしているかどうか調べてみると、驚くべき結果が得られた。マテリアルな評価要素の数値向上は、かなりの精度で将来の財務実績の向上を予言していたのである。

2300社を超える企業を調べたところ、ESG関連のマテリアルな評価要素――その企業の属する業界にふさわしいもの――に改善が見られた企業は、業績も良くなっていた。競合他社との差は年3％を超えており、文句なく有意な差である。これと同じく重要な発見は、自社業界ではマテリアルでないESG評価要素に改善が見られた企業は、競合他社と業績にほとんど差がなかったことだ。これは、どのESG問題が自社の競争力に関わるのかを深く理解し、成果が出るよう重点分野を意識する必要があると示している。

どの問題がマテリアルなのかは業界によって実に大きく異なる。図表３－１を見てほしい。これはＳＡＳＢのマテリアルマップをもとに、金融業界と農産物業界とを比べたものだ。商業銀行が重視すべき問題は、例えば顧客データの匿名性、金融サービスを十分に受けられていない人たちへのサービス提供、融資の際に環境リスクも考慮すること、資金洗浄や市場操作を防止するための不正防止手続きなどだが、同じ問題が農産物企業にとってもマテリアルだと示すデータはほとんどない。その代わりに農産物企業が重視すべき問題は、彼らがじかに生み出す温室効果ガスの排出量、水管理、従業員の身の安全、気候変動による収穫物に関するリスクとチャンス、などだ。同じＥＳＧ関連の取り組みでも、自社の業界で重要だと判明しているテーマを重視するかしないかで、結果は大きく異なる。（注５）

２０１３年、オックスフォード大学のボブ（ロバート）・エクルスと私は、「金融業界のサステナビリティは〝グリーンになること〟では達成できない」というタイトルの挑発的な論文を書いた。金融機関は環境問題を気にすべきではない、と言いたかったのではない。むしろ、自社ビルからの二酸化炭素排出量の削減や、旧式の白熱灯の交換によるエネルギー効率の向上といったことばかりに熱心な銀行が多く、イライラしていたのだ。立派なことではあるが、そのようなマテリアルでない取り組みの効果は、金融業界にとっても、彼らがはっきり言えば世界にとっても、取るに足りない。それよりはるかに重要なのは、彼らが

図表3-1｜マテリアルマップによる比較

分野	一般的な問題	商業銀行	農産物業界
環境	温室効果ガス排出		●
	空気の質		
	エネルギー管理		●
	水と廃水の管理		●
	一般廃棄物と有害廃棄物の管理		
	生態系への影響		
社会資本	人権とコミュニティ関係		
	顧客のプライバシー	●	
	データの安全性	●	
	入手しやすさ	●	
	品質と安全性		●
	消費者福祉		
	販売慣行と製品ラベル表示		
人的資本	労働慣行		
	社員の健康と安全		
	社員エンゲージメント、ダイバーシティ、インクルージョン		
ビジネスモデルとイノベーション	製品設計と製品ライフサイクル管理	●	
	ビジネスモデルの復元力		
	サプライチェーン・マネジメント		●
	材料調達とその効率性		●
	気候変動への物理的影響		
リーダーシップとガバナンス	企業倫理	●	
	競争行動		
	法と規制への対処		
	重大事案のリスク管理		
	システムリスクの管理	●	

金融業務や融資判断、再び金融危機を起こさないためのリスク管理などをする際、その意思決定が環境問題にどのような影響を与えるのかをきちんと考えることだろう。

我々の研究がＥＳＧと財務実績の関係を解き明かすまで、40年以上にわたり、その関係を見つけようという研究が続けられてきた。だが結果はいつもバラバラだった。１９７２～１９９７年の間、このテーマに関する研究論文は１２０本以上書かれているが、一致した結論は得られなかった。私とエクルス、そしてロンドン・ビジネス・スクールのイオアニス・イオアヌとで１８０社の企業を分析した共同研究によれば、１９９０年代にＥＳＧを取り入れた早期採用組はその後の15年間で競合他社より業績が良かったと判明したものの、この結果を一般化して儲かりそうな投資先を示せるかどうかはよくわからなかった。

なぜこのような結果になったのかを解明するため、我々はさらに研究を進めた。そして、ＳＡＳＢの基準を研究の軸に用いたところ、ＥＳＧと業績の関係がはっきり見えてきた。将来の業績向上を望むなら、今やこうしたＥＳＧ関連の行動がとても重要なのだ。この研究結果を発表してまもなく、クレディ・スイスやラッセル・インベストメントも同様の結果を報告した。ロックフェラー・キャピタル・マネジメントなどの資産運用会社も、自社のポートフォリオを分析して同様の効果を発見した。

別の研究で、私はトロント大学のジョディ・グレウォール、オックスフォード大学のクラリサ・ハウプトマンと共に1300社を調べ、マテリアルなESG問題に関する情報開示は、その企業の独自の競争的ポジショニングを投資家に理解させ、競合他社との差別化に役立つと証明できた。(注6)

こうした研究結果は、主観的な議論（「社員は大切に扱うべきだし、環境を保全し、ダイバーシティを推進し、倫理的に行動すべきだ」）では決してできなかった形で人々を動かした。善行に関するこれまでになかった分析論がついに登場したのだ。SASBの基準と、その基準ができたことで生まれたデータは、企業幹部からの抵抗を押し返し、〝社会や世界に貢献するために自社に何ができるか〟という議論に着手させたのである。投資家も、今では企業に回答を強く求める。それが最終的には投資利回りに影響を与えると知っているからだ。

ビジネス界のあらゆる場所でこの影響を目にする。それほど遠くない昔、というか、ついこの前の2019年のことだが、私は大手化学メーカーのCEOとこんな会話をした。彼が言うには、わずか2年前なら投資家向けロードショー（業績説明会）でESG関連の質問など誰もしなかった。それが昨今は質問の半分はESG関連なのだという。ESG問題を意識せざるを得ない、とそのCEOは私に言った。透明性から指標へ、そして評価基準を経て比較可能性、そしてマテリアリティへ、という一連の動きは、ついに人々の意思決定プロセスを変えるところまで到達したのだ。この種の好循環は一番乗り競争を生み出し、企業にさらなるイノベーションを起こさせる動機となる。

未来に影響を与える

私の授業ではベルギーの化学メーカー、ソルベイについて教える。同社は2008年に持続可能なポートフォリオ管理のツールを開発し、自社の製品分野のすべてについて、それが環境に与える影響を明らかにしようとした。経営陣は、より優れた情報をもとに事業の判断をしたいと考えた。この取り組みにより、ソルベイは「持続可能な経営」と「財務面の意思決定」とを結び付けた最初の企業の1社となった。

環境に良い製品分野のほうが、環境に害を与える製品分野よりも売上成長率が高い――その様子を見たCEOのイルハン・カドリは、社の方針を決めるうえでこの管理ツールが大きな価値を持つとはっきりわかった。ソルベイは2020年、この種のデータを活用し、次の次元へと取り組みを進める決意をした。「ワン・プラネット」と名付けた総合的なサステナビリティ方針を立ち上げ、資源消費の最小化、温室効果ガス排出の削減、廃棄物ゼロ企業の達成を目指して化学業界の先頭を走ることにしたのだ。

2021年の春、カドリはハーバード・ビジネス・スクールの私のクラスに登壇し、サステナビリティはソルベイの差別化と株価収益率向上を実現する1つの方法だと話した。同社はずっと業績が冴えなかったが、サステナビリティへの真剣な取り組みは、同社の実績にふさわしい業績をもたらす成長戦略になり得る。片手間にやるのではなく、事業活動のすべてにサステナビリティを一体化することになるだろう、と彼女は話した。「ワン・プラネット」を始めてわずか1年で、この戦略の効果が表れた。ソルベイはミシュランが販売するタイヤのエネルギー効率を改善するため、同社と提携したのだ。また、より効率的で循環的な経済の実現に向けて、自動車メーカーのルノー、総合環境サービス企業のヴェオリアと提携し、使用済み充電池の金属のリサイクルも始めた。

このような完全なる一体化——事業活動の中核にサステナビリティを据え、我々が企業活動の内容を評価する際にも中核にそれがあること——こそ、私がハーバード・ビジネス・スクールで進める「インパクト加重会計」の背景にある考え方だ。

インパクト加重会計という取り組みを進める原動力は、私がSASBの基準審議会に参加しようと思ったのと同じ気持ちからきている。つまり、私はこの動きを傍観していたくなかったのだ。自分がこの目で見たいと願う変化を生み出す動きの一部になりたかった。「インパクト加重会計イニシアティブ」（IWAI）はアカウンタビリティレポートに向けた次の一歩であり、わずか数年でインパクト透明性に多大なる前進をもたらした。

このＩＷＡＩというプロジェクトが始まったのは２０１８年、ある会議の後で私がロナルド・コーエン卿と話し合ったときだ。彼はベンチャーキャピタルおよびインパクト投資のパイオニアである。私たちは同じ意見を持っていた。評価の指標は世に多数出回っており、素晴らしい報告書を出している企業も多数あるが、まだ十分ではない。インパクトに関する真の透明性がなければ、企業が意思決定の中心にリスクとリターンと同等の扱いでインパクトを据えるまでには決してならないだろう、と――。２人で１時間ほど議論して、私はこの先の道のりがいかに困難かを思い知った。しかし、ロナルド卿はまったくめげる様子もなく（後に私はそれが彼の流儀だと知る）、私を見つめて言った。「ジョージ、ぜひ実現しよう」

第１章で述べた通り、もし私の教え子たちに「事業の成功とは何か」と質問すれば、返ってくる答えは前にも増して〝現在の利益〟だけではなくなっている。インパクト加重会計の普及運動は、我々が社会として成功の意味を、いや利益の意味を再定義する必要があると訴えている。企業の純利益について話すとき、その企業が稼いだ金額だけを考えるのではなく、その企業が世界に与えた（もしくは奪い取った）価値についても必ず考えるようにすべきなのだ。

インパクト加重会計はまさにそれを行う。企業の行ったことをすべて金額に換算するので、我々はその企業の環境へのインパクト、顧客へのインパクト、社員へのインパクト、その他諸々のインパクトを差し引きした後の収益をはじき出せる。財務諸表を見れば真に利益を生み出している企業がわかるようにするため、非財務的指標を財務的指標へと変換するツールを与えてくれるのだ。ちょうど違法薬物を使ったスポーツ選手を我々が称賛しないのと同じように、環境を汚染したり、生活賃金未満の給料しか払わなかったり、顧客の健康を損なう中毒性の高い商品を売ったりして利益をあげている企業も、称賛すべきではない。本物のビジネスリーダーとは、利益を出すと同時に社会にプラスのインパクトを生み出せる人だ。そしてそれは、インパクト加重したEPS（1株当たり利益）を計算することで間違いなく見えてくる。

まとめよう。仮に企業の目的（パーパス）が短期的な利益の最大化であるなら、業績を判断するには収益その他の主要な財務指標を見るだけで問題ない。だが、実際はそうではない。それゆえ、財務指標だけを見て判断すると、極めてゆがんだインセンティブをつくり出してしまう。企業に財務数値の最大化だけを追いかけてほしくない、と口では言いながらも、結局は財務数値だけで企業を判断しているようでは、望む結果はとうてい得られない。

◉──インパクト加重会計がゲームチェンジャーとなる

私がロナルド卿──現在はＩＷＡＩの運営委員会の会長──と行った分析によれば、２０１８年に最終黒字だった企業の15％は、もし環境インパクトを会計に加算していれば黒字でなくなっていた。例えば航空会社を見てみると、ルフトハンザドイツ航空の環境コストは23億ドル、アメリカン航空は48億ドル。この数値を会計に加味すると、両社とも不採算になる。航空業界だけでなく、製紙業界や林業、電力、建設資材、容器包装業界などで環境コストを計算すれば、大半の企業で少なくとも利益の25％が消えるだろう。

インパクト加重会計は常にマイナス要因になるわけではない。社員の行動や製品を通して巨大なプラスのインパクトを生み出している企業も存在する。アップルとフェイスブック（現メタ）の雇用インパクト、２大タイヤメーカーの環境インパクト、航空会社２社の製品インパクトを見てみよう（図表３－２を参照）。同じ業界でも会社によって大きな違いがあり、正と負の逆方向の場合すらある（航空２社の例）ことがわかる。

会社によって数字がプラスに働くかマイナスに働くかが異なる。結局はそこがポイントだ。インパクト加重会計で分析すると、会社ごとの違いが赤裸々に見える。そして、イン

図表3-2｜収益に対する各インパクトの比率

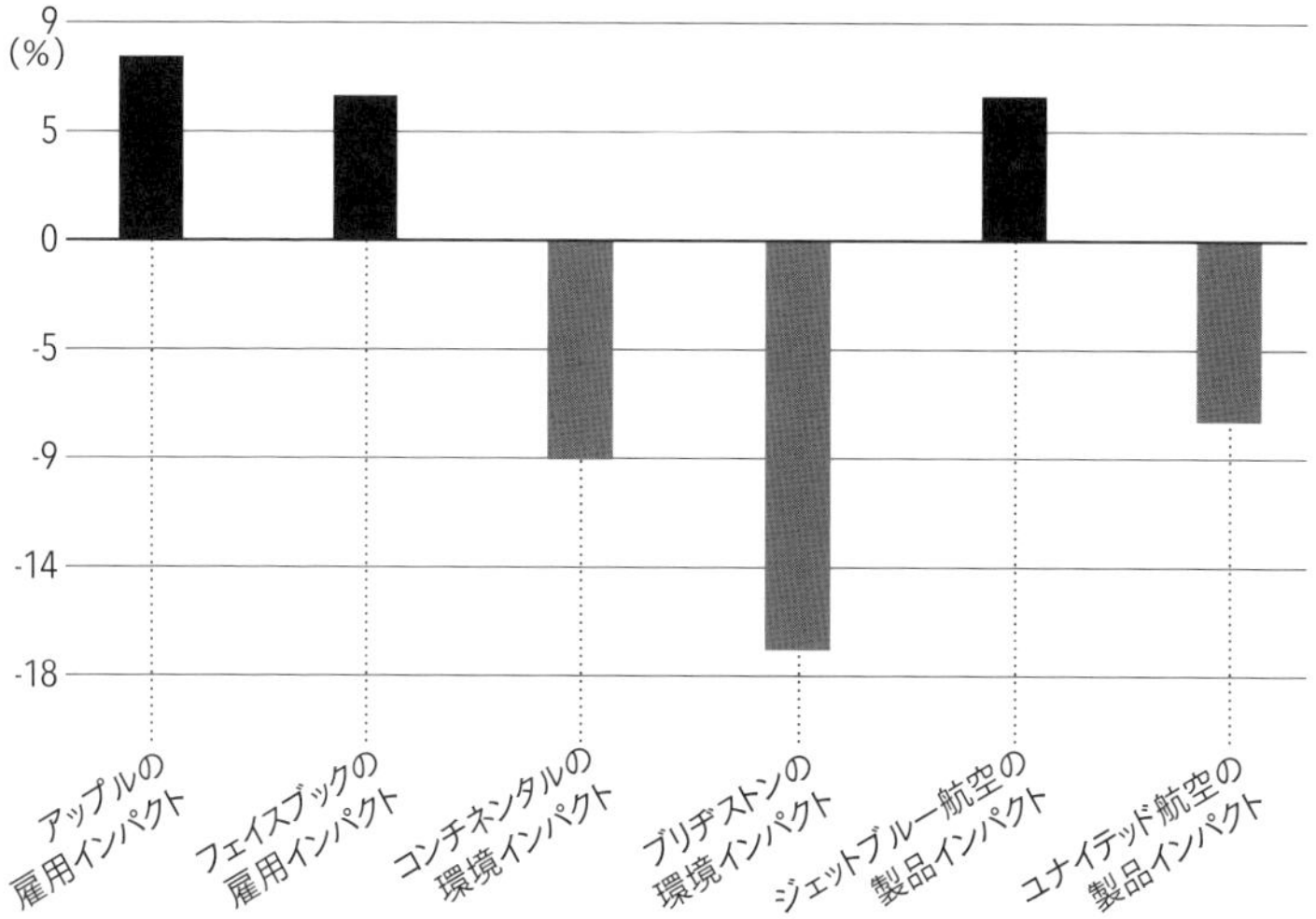

パクトの数値がプラス方向に最も大きく加算されるような企業こそ、みんなで注目し、称賛し、真似すべきなのだ。一例としてインテルを見てみよう。同社は、育児休暇や傷病休暇など福利厚生の充実した高収入の仕事を、失業率の高い地域まで含めて提供したことで、ざっと45億ドルのプラスのインパクトを生み出した。もしインテルの職場で真のダイバーシティが実現したら、すなわち地域の人口構成比と同じ比率を職場で再現し、さらに経営幹部層の多様性が平社員のそれと等しくなったら、この数値はさらに大きくなるだろう。

企業はこうした数字の善し悪しを見て、その数値を上下に動かせるレバーがどこにあるかを理解することで、ある意思決定の本当のインパクトを見定めることができる。例えば、自社工場の労働環境の改善策をさらに進めるかどうか判断に迷っているなら、インパクト加重会計を使うことで、その改善策が最終的にいくらの価値を生み出すか把握できる。

評価のモノサシがあれば、大きなことも考えられる。例えば、政府がインパクト加重会計というモノサシを使い、企業のなした害悪に課税したり、逆にプラスのインパクトに対して直接的な経済的インセンティブを与えたりすることも想像できる。また、インパクト加重会計は投資家・消費者・就業者としての我々に、究極の比較ポイントを与えてくれる。投資先・購入先・就職先の企業を選ぶ際、それらの数値から総合的に判断すればいい。

現在のところ、いくつかの業界で（企業の）環境破壊と株価低迷には有意な相関関係があることが明らかになっている。そうした相関関係が見られない業界も、マテリアリティの欠如というよりは、評価・計測の手段がないことが理由だろう。透明性――とりわけインパクト加重会計が提供するような、分析に適した形式での透明性――こそが、今後より多くのサステナビリティ要素をより多くの業界でマテリアルな指標にしていくためのカギとなる。インパクト加重会計は、企業の善行を加速させる分析手法として、社会と企業が同じ方向を目指すための究極のゲームチェンジャーになり得る。

IWAIのような取り組みは、ソルベイのように自社製ツールを開発する余裕のない企業にも、優れたツールを提供する役割を担ってきた。誰でも無料で利用できるメソッドやデータ、ツール類をつくり出せば、あらゆる規模の企業が世界に与えるインパクトを理解したうえで意思決定できるようになる。

我々はまだその段階には到達していない。だが本音を言えば、2018年にロナルド卿とインパクト加重会計の議論を始めたときには、まさかここまで急速に広まるとは思っていなかった。今や何らかのインパクト加重会計を実施しているトップ企業は全世界で100社を超え、その数は日々増えている。その1社、フランスの大手食品会社ダノンによれば、世界で初めて〝カーボン調整後〟のEPS算出法を採用したという。(注7) ダノンの排出する温室効果ガスのインパクトを投資家に知らせるためだ。この算出法により、同社は環境に与えた損害を会計に盛り込んだうえで自社の損益を示せる。同社は2050年までにカーボンニュートラルを目指すと宣言しており、この算出法の導入は目標に向けた責任ある一歩だ。ダノンはパーパス主導型企業――フランス語では「アントレプリーゼ・ア・ミシオン」(Entreprise à Mission)といい、さらに同社はBコープ認証企業でもある――として、地球と顧客のためになるような行動を求められている。

ダノンでゼネラルセクレタリーを務めるマシアス・ビシェラがCNBCに語ったところ

によれば、この新しい算出法には優れた人材を採用する狙いもある。第2章で私が指摘したのとまったく同じ考え方だ。「ビジネススクールや大学を卒業したばかりの優れた人材を獲得したければ、そして社内の優れた人材を逃がしたくないのなら、社会に良いインパクトを与える企業でいることは、人事部的な視点で言えば、会社の価値を高めることになります(注8)」。この発言からもわかるように、社員はインパクトの透明性を高める大きな要因となる。

◉次のステップは何か

政府がインパクト加重会計の公表を義務づけ、企業と投資家に対して気候変動や不平等などの問題解決の取り組みに加わるよう求めるのが早ければ早いほど、我々の社会はより良くなるだろう。それまでの間、我々は立場に応じて次のような役割を果たせる。

- 企業の経営陣――インパクトを加重して自社の業績を算出・公表する取り組みに着手する
- 社員――会社幹部に働きかけ、自社のインパクトの透明性向上を求める

- 投資家――投資先企業にインパクトの透明性を求める。また、投資機会とリスクの判断をする際には、インパクト加重の数値を使う
- 政策立案者――インパクト加重会計の公表義務づけに向けて取り組む。また、利益とインパクトの両方に応じて決まる税金や補助金を導入する
- 消費者――我々全員が消費者なので、プラスのインパクトを生み出している会社の製品を買うように努める

私は、上記のすべてが大きな変化を起こすことにつながると心から信じている。

インパクト透明性は、まさに資本主義をつくり直す可能性を秘めている。利潤追求が問題を生むのではなく、それが世界に問題解決をもたらすように変えていけば、我々は成功の意味を再定義し、おカネだけではなく、人が一生の間に生み出したプラスのインパクトを成功のモノサシにすることができる。

次の章では、第1～3章で見てきたトレンドが現実世界でどのように実現しているのかに目を向ける。わずか数年前には予想もできなかったことだが、企業は社会の中でますます大きな役割を引き受けるようになりつつある。企業は公益を提供し、これまで政府機関以外の主体が行うのを見慣れていないような影響を世界に与えつつある。そのインパクト

がプラスだった場合、企業はとてつもない見返りを受けることになる。マイナスだった場合、かつてないほどの結果責任を求められる。善行はますます利益をもたらすようになり、悪行はますます大きなコストを払わされる。第4章では、企業の行動とそれに対する世の中の反応を見ていく。第5章では、そうしたトレンドを企業が賢く利用する方法を探る。

第4章 変化する企業行動

この30年、企業はあらゆる意味で大きくなり、その影響力も増大した。2010年代、世界の上位500企業は、5万社を超える全世界の上場企業の市場価値の半分を占めていた。この〝グローバル500〟企業が売り上げた商品・サービスの総額は22兆ドルを超え、保有する資産の総額は100兆ドルを超え、毎年1・5兆ドルを設備投資、5000億ドルを研究開発に支出してきた。トヨタ1社だけでも、過去10年にわたり毎年1000億ドル以上を研究開発に投じている。国家予算としてこれ以上の金額を研究開発に充てている国は、わずか16カ国しかない。しかもこれは、たった1社と比べての話である。善かれ悪しかれ、企業の影響力は桁外れなのだ。

図表4-1は、私が2015年に企業幹部向けの講演会で見せたものだ。世界の上場企業のうち、規模で上位500（グローバル500）企業が占める経済関連数値の割合が、

図表4-1｜グローバル500企業が占める割合

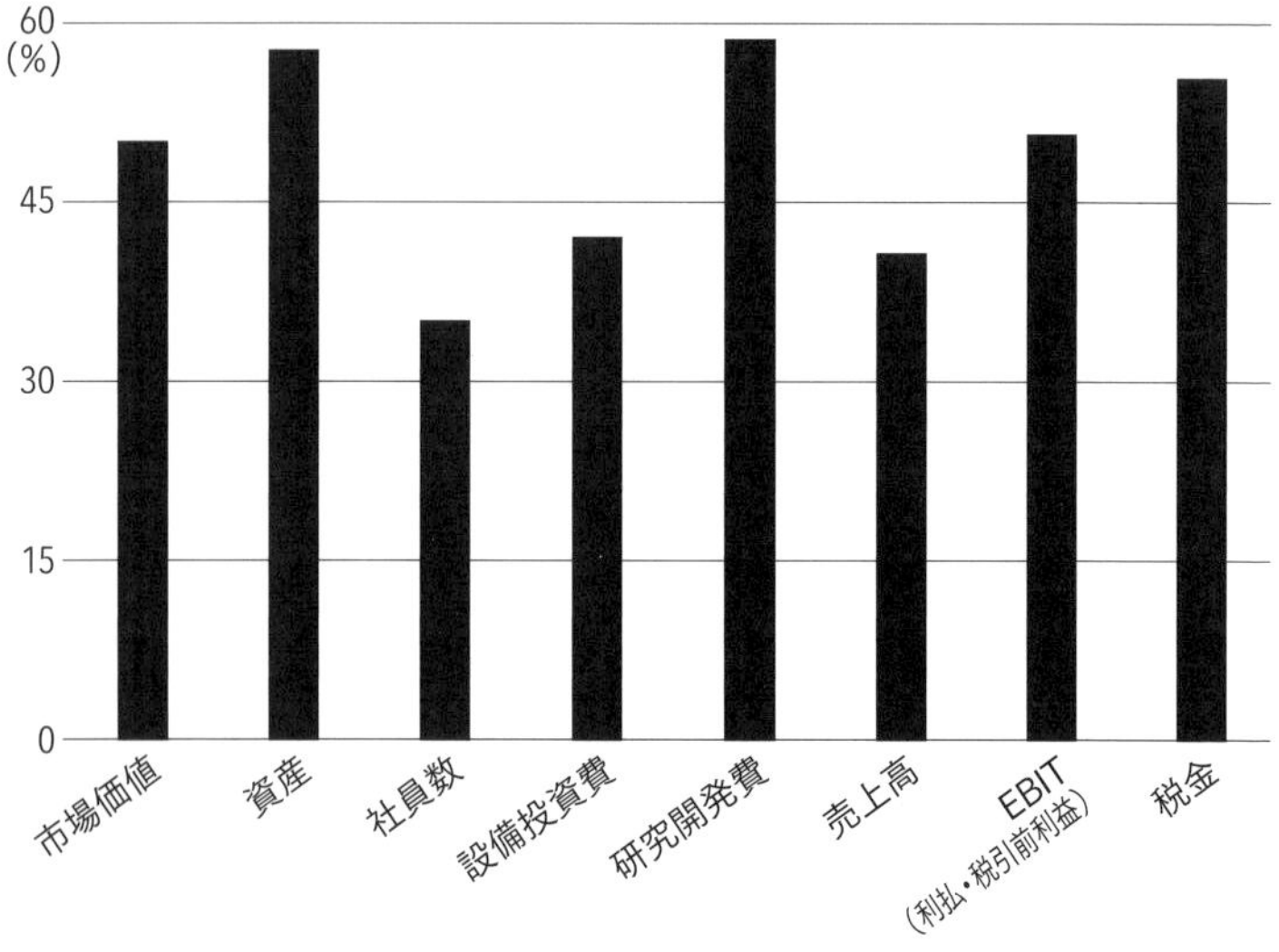

世界の全上場企業に対してどれほどの比率になっているかを表している。

このグラフを見せたのは、経済的な生産要素とその成果が少数の巨大企業に集中しており、彼らのインパクトがこれまでにない形で注目されるようになっていることを伝えるためである。講演会の出席者は、大半がこのグローバル500企業で働いているにもかかわらず、市場でこれほどの寡占化が起きている実態を知らなかった。

この寡占化が進行したのと時を同じくして、世界が直面する最大級の問題――気候変動、大気汚染、熱帯雨林の伐採、水不足、生物学的多様性の減少、不平等、その他多数――がますます複雑化し、真の世界的連携が求められるようになった。

講演会で私が訴えたかったのは次の点だ。他の主体に比べ、企業はその力を次第に強めてきた。その結果、対抗策として、政府と市民社会は企業が社会に及ぼす影響に対し、よりしっかりとした結果責任を求めるようになり、ＥＳＧ問題が企業の財務の重要な一要素となった。今や企業の収益性やリスク、企業価値評価などの数値は、その会社のＥＳＧ実績によって左右されるのである。

ESGの問題解決で企業が果たす役割

ロジスティクス（物流管理）の面から見れば、国内および国際的な難題に対処するには、政府よりもむしろ世界各地で操業する巨大コングロマリットのほうが適していることが珍しくない。２００５年８月、ハリケーン・カトリーナがルイジアナ州を直撃し、死者１２００人超、被害額１２５０億ドルの大災害をもたらしたとき、世界トップレベルの見事なロジスティクス運営を印象づけたのは、連邦政府ではなくウォルマートだった。被災者が最も必要としていた食物と衣類を最初に現地に届けたのが同社だったのだ。

なぜそんなことができたのか――。多くの場合、官僚主義的な政府よりも企業のほうが、動きが機敏で、創造的で、能力も高い。他の事例でも、企業は境界線をまたぐ取り組みを巧みに調整してきた。大半の政府機関よりも、都市や州、国の境を越えて自在に業務を進められると示してきた。

今や多くの企業が、一国の政府に匹敵する規模とカバー範囲を持つようになった。グローバル化の進展、マネジメント手法の高度化、大がかりな連携を円滑にするコミュニケーション技術の発達もあり、企業はいくつかの重要な問題に関して一種の政府機関のような存在になっている。気候変動や飢餓、不平等などと戦う施策を進め、しばしば大きな成果をあげるケースもある。収益拡大や経費削減、利益最大化などよりも大きなことを念頭に置いた企業行動をするよう当局が強制しなくても、多くの企業がこうした難題に熱心に取り組んでいる。

これを恐ろしいと思う人もいる。ごく一部の営利企業が持つ巨大な権力を考えればなおさらだ。一方で、まったく怖いと思わない人もいる。むしろ、イノベーション力を解き放った自由市場の誇るべき勝利であると――。どちらに近い考え方であろうとも、途方もない規模の巨大企業が数多く出現したことで、社会における新たな役割が彼らに求められている点は否定しようがない。

2020年春に新型コロナウイルス感染症の大流行が発生すると、米国では企業に対する批判が高まった。全米のサービス従業者の推定58%しか有給病気休暇の権利を与えられなかったからだ（2019年の調査による）(注1)。だが、意外に聞こえるかもしれないが、全米のサービス従業者の58%が有給病気休暇の権利を与えられているという事実は、それを企業に求める法令がほとんどないという状況を考えれば、実は極めて素晴らしいといえるのではないだろうか。社員にその権利を与えている企業――全労働者の半分以上を雇用している――は、法的義務でもないのに、費用のかさむこの制度を自発的に導入しているのだ。

もちろん、なかには人材獲得競争のためやむなく導入している企業もあるだろう。だが、他社との激しい競争がない企業でも導入しているという事実は、競争がこの普及率の一因でしかないことを示している。導入の有無には、経営理念や経営戦略が関与しているように思える。

この58%という数字を称賛ではなく批判の対象と見ているところに、今の我々が企業に何を求めているのかを知るためのヒントがあるに違いない。企業は善き市民であるべきであり、そのための努力を政府の要求がなくてもすべきである、と多くの人が思っている。我々は政府よりも企業を信頼しているのだ。少なくとも一部の調査ではそのような結果が出ている。それどころか、ある調査によれば、企業のCEOたちは政府の指示を待つのではなく、自ら先頭に立って変化を起こすべきだと考える人が76％もいた。[注2]逆に政府に対する信頼は空前の低さになっている（１９５８年には米国人の73％が政府を信頼していたが、２０２０年にはわずか20％に落ちている[注3]）。

政府が不要だと言いたいのではない。企業に政府の代わりが務まるとか、そうすべきだとか訴えるつもりもない。政府にできることの一つは、企業が社会のために善行をしようと積極的に思えるようなインセンティブの仕組みを用意することだ。今の企業は、大企業も（途方もない財力と資源、そして素晴らしい人的資本を持つゆえに）、中小企業も（各自の使命と能力に応じて）、社会の目標に向けた取り組みに力を入れるよう人々に期待されている。驚くべきことに、企業の多くは実際にそうしている。

彼らがそうする理由は、そうできる力があるからだ。最も巨大で複雑な世界的問題であっても、そこにインパクトを与えられるだけの規模と影響力を手にしたのである。また、彼らがそうする別の理由は、そうすべきだからだ。倫理的観点からもそうすべきだし、純粋に財務的理由からもそうすべきである。社会に恩恵をもたらすような形で規模を拡大する企業は、金融市場でも高く評価されるし、他のさまざまな面でも優位に立てる（人材の獲得、資本調達の利便性、投資家へのアピール、その他諸々）。逆に悪しき行動をする企業は、それに応じた扱いを受けることになる。

アクションを起こすことのインパクト

第1章でユニリーバのポール・ポールマンの話をしたが、もちろんポールマンとその後継者アラン・ヨーペの他にも、サステナビリティに向けてさまざまな行動を起こし始めたリーダーたちがいる。例えば、メキシコに本社を置く世界的なパン・焼き菓子のメーカー、グルーポ・ビンボの会長兼CEOダニエル・セルビトは、自社製品の栄養価を高めると同時に、水の保全や二酸化炭素排出量の削減、労働環境の改善などに取り組んできた。「当社のサステナビリティ施策は、我々の事業のパーパスから生まれました」とセルビトは述べている。「実効性を徹底的に高めるため、〝どの利害関係者のために我々はパーパスを実現する必要があるのか〟と自問しました。その答えは、取引先、顧客、そして社会全体でした」(注4)

こうした実例は世界中にある。南アフリカ共和国に本社を置く生命保険・健康保険・自動車保険の会社ディスカバリーは、人々をさらに健康にすることが自社のパーパスだと明言する。同社は顧客により良く暮らすためのインセンティブを与えている。例えば、食料品店で健康的な食べ物を買うと25%の割引、ジムに通えばキャッシュバック、顧客の車に設置したセンサーを通して安全運転が確認されると、保険料とガソリン代が割引に、といった具合だ。(注5)ディスカバリーの社員は、顧客をさらに健康的な暮らしへと導く新しい方法を考えつくと、ボーナスを得られる。同社のデータによれば、顧客の医療費は下がり、平均寿命は延びている。そのうえインセンティブでおカネが節約できるのを大喜びしているという。これは素晴らしいビジネスモデルだ。健康的な顧客が増えれば保険金の支払いは減り、利益は増える。加えて、社員は実際に良い変化を生み出していると感じられるので、仕事にやりがいを見出している。

批判されることが多いウォルマートでさえ、ここ数年で上手に方向転換した。ハリケーン・カトリーナのときの取り組みだけでなく、環境負荷の削減と労働環境の改善に向けて大幅な前進をしたのだ。同社の社員は１００万人を超えており、民間では米国最大の雇用主だ。それだけに影響は大きい。２０１５年に同社が賃金増加を発表すると、当初株価は暴落し、ＣＥＯのダグ・マクミロンは全国放送のテレビインタビューで質問攻めにあった。彼は、賃金アップで社員の生産性は上がり、離職率は下がり、顧客満足度とロイヤルティが向上すると予想できるので、会社の長期的な収益性に貢献すると訴えた。(注6)最初のうち、この主張は相手にされなかった。だが、社員のために使う経営資源を増やしたことで、当初は経費がかさんで利益が圧迫されたものの、最後にはちゃんと狙い通りになった。同社の売上成長率と収益性は増え、ユニリーバと同様のサステナブルな企業へと方向転換できたのである。
企業の取り組みが、時には地球環境に極めて大きな影響をもたらすこともある。たんに環境被害を減らすだけでなく、環境に大きなプラスとなる技術を生み出せるからだ。ナチュラ・コスメティコスはブラジルに本社を置くパーソナルケアと化粧品の会社で、傘下にザ・ボディショップやエイボン・プロダクツを所有する。過去20年、そのイノベーションとずば抜けた業績で注目されてきた。同社は、アマゾンの熱帯雨林から得る原料をサステナブルに利用していることを誇りにしているが、これは決してマーケティングのためだけではない。(注7)
トロント大学のアニタ・マッガーンとレアンドロ・ポンゲルッペによる興味深い研究によれば、アマゾンの森林地帯の一部自治体にナチュラが関与することで、森林保全に役立っているという。(注8) 2人の研究者は衛星写真と作物収穫量と二酸化炭素濃度の情報を利用し、ナチュラのステークホルダー管理戦略が森林皆伐を増やすどころか、むしろ熱帯雨林由来の資源の育成に結び付いていることを示した。こうした取り組みも一因となり、ナチュラは2019年、世界で最も重要な気候変動関連の賞である「国連グローバル気候アクション賞」を受賞した。

地球のために真に役立つ行動をするには、懸命の努力、資金、自己犠牲、そして優先順位付けが必要になる。自社のステークホルダー全員と一緒に行動することを真面目に考えている企業と、口先だけで本心では行動を起こしたくない企業との差は、危機に際して露骨に見えてくる。まさにそれが起きたのが、2020年初頭の新型コロナウイルス感染症の台頭だった。

◉――コロナ禍で動かない企業は批判される

本書を執筆中にも新型コロナウイルス感染症をめぐる状況は変わり続けている。当然ながら各国政府はパンデミックで生じた緊急課題への対策――効果的にできている国とそうでない国がある――に動いたが、企業もまた同様に動いたことが多くの人を驚かせた。30年前と大きく変わったのは、コロナ禍のような危機が生じたとき、企業が積極的に動くことを人々が望み、当然そうすべきだと期待するようになったことだ。そして、そのような行動を起こさない企業は容赦なく批判される。コロナ禍に際して企業がどのような行動に出たか、ほぼリアルタイムで、さまざまな手法で記録された。現時点でそうした行動の成果はまだはっきり見えていないが、我々は企業の動機に注目し、彼らの選択を分析し、危機に際して短期的利益の極大化よりもサステナビリティを優先するそれらの行動が何をもたらすのか、ある程度の予測を立てることができる。

この種の企業行動を精査できるのは透明性が高まったおかげである。公式なサステナビリティ報告書だけでなく、世間の要求に応えるためにメディアや民間監視機関もこうしたテーマを追いかけている。加えて、フェイスブックやツイッターなどのソーシャルメディアにより、社員や顧客やその他誰であろうと内情を知る人が草の根レベルで企業行動を報告できるようになった。

NPOのジャスト・キャピタル（3年連続でマイクロソフトを〝最も公正な会社〟に選んだ組織だ）は2013年、サステナビリティの面で企業を評価、ランク付けしてステークホルダーの役に立つことを目的に、登録慈善団体として設立された。同社はコロナ禍が起きると、自社のウェブサイトに企業の行動を監視する〝トラッカー〟機能を設置した。全米の大手上位100企業について、コロナ禍にどのように対応しているのか、15の点で情報を集めて掲載したのだ。具体的には、社員にボーナスや金銭的支援を与えたか、地域社会の支援活動をしているか、幹部の給料カットを実施したか、顧客向けの支援策を行ったか、有給病気休暇や自宅勤務の制度はあるか、といった項目だ。(注9)私はあるイベントで、ジャスト・キャピタルのCEOマーティン・ウィタカーと対談したことがある。そのとき彼は、企業の行動をトラッキング（追跡調査）することで、どの企業がステークホルダーを本当に大事にしているのか判断できるし、とりわけ大変な時期にこそそれがはっきり見えてくる、と話した。

このパンデミックの時期にジャスト・キャピタルが明らかにしたことは広範囲にわたる。例えば、航空・防衛企業のノースロップ・グラマン（米国内の社員数8万5000人）からはコロナ禍対応策が何ひとつ聞こえてこなかったのに対し、ペプシコ（米国内の社員数11万4000人）は包括的対策を実施し、社員のバックアップケア（幼児や高齢者など世話の必要な社員の家族が通常のケアを受けられない場合、会社が緊急のケアを代替する制度）や有給病気休暇、地域社会支援のための4500万ドルの出資、世界中の困窮家庭への食料支援に5000万ドルの出資、新たな自宅勤務制度の導入などを行った。

追跡調査の対象となった大手100企業のほぼ全社が、コロナ禍の危機的状況を支えるため、何らかの形で社員・顧客・地域社会への支援策を組み合わせて実施した。本業でコロナ禍の影響をあまり受けていない企業でも、支援は行っている。大手通信のベライゾンは、仮に顧客が料金を払えなくてもインターネットおよびケーブルテレビへの接続が維持されると宣言した。(注10) ルイ・ヴィトンやクリスチャン・ディオールなどを所有するフランスの高級ブランド複合企業ＬＶＭＨは、化粧品製造ラインを除菌用ローションの製造ラインへと転換し、フランスの保健当局に無料で提供した。(注11) ズーム・ビデオ・コミュニケーションズ（Zoom）は自社のビデオ会議用製品を学校や教育機関に無料で提供し、リモート学習を支援した。(注12)

すでに議論した通り、本業にじかに結び付くようなサステナビリティの取り組みを行うパーパス主導型企業は、最終的に業績で競合他社を上回ることが明らかになっている。だからといって、思い切って一歩踏み出して実際に行動してみることの難しさは何ら軽減されない。なぜなら、本業にとって何がマテリアルなのか、この新しい取り組みで見返りが得られるのか否か、を事前に知るのが極めて困難というのが1つ。第2に、そうした新しい取り組みを始めるには大きな費用がかかり、いずれ金銭的見返りがあるとしても、それが必ずしも初期費用を埋め合わせるとは限らないこと。第3に、危機の発生で本業が大出血し、どうやって給料を払えばいいのか、下手をすると会社としての生存さえもおぼつかない時期に、新しい取り組みのために出費をするというのは、おそらく経営者としてのあらゆる本能に反する行為だろう。

2020年4月、まだコロナ禍の真っ最中だった頃に、私は新型コロナウイルス感染症のパンデミック期における企業の再起力《レジリエンス》と対応策に関する初めての研究論文を仲間と発表した（共同執筆者は、私が学術パートナーを務めるステート・ストリート・アソシエーツのス

図表4-2｜危機時の株式リターンのプレミアム

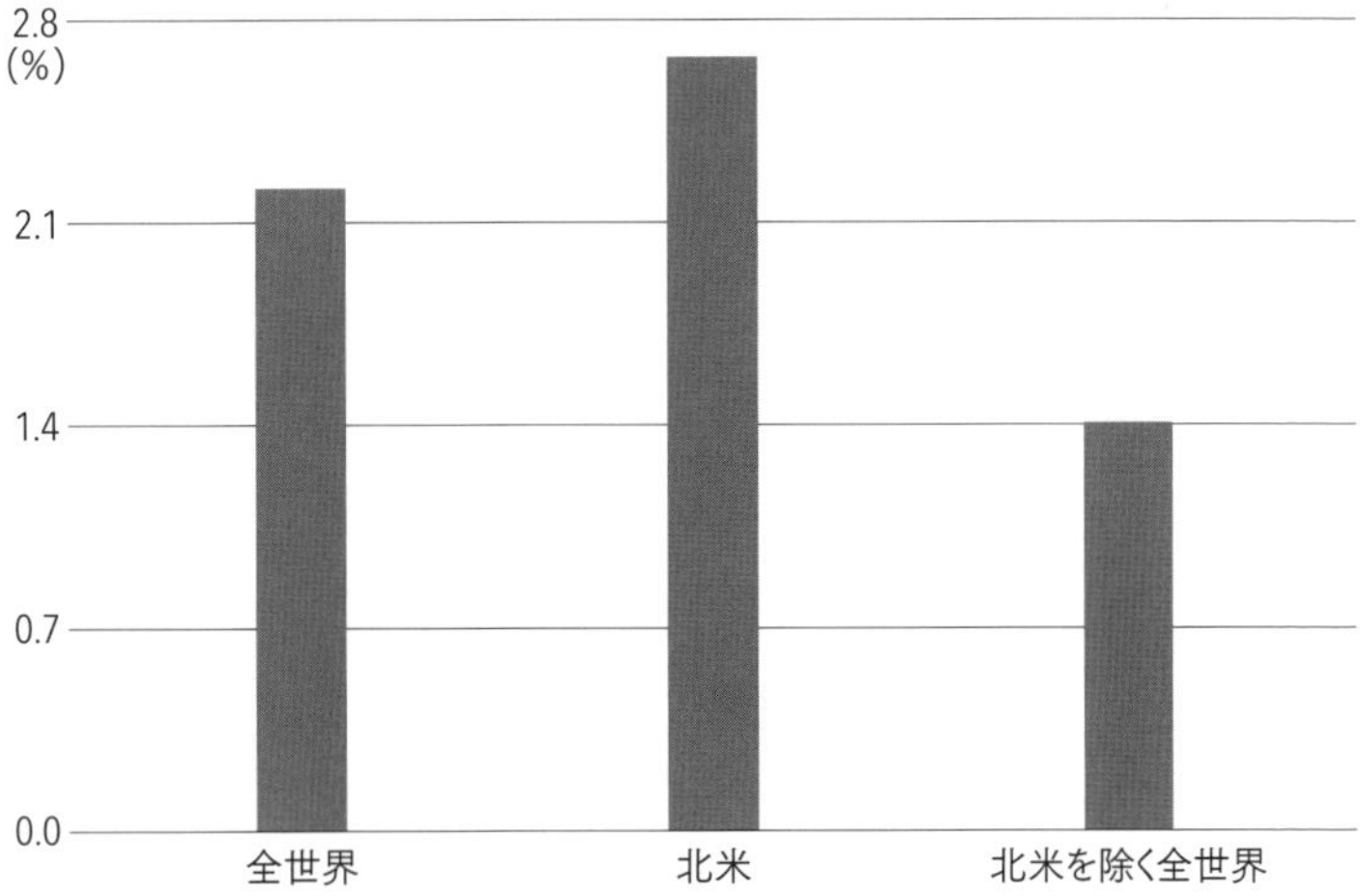

テイシー・ワン、アレックス・チーマ＝フォックス、ブリジット・レアルムート・ラペーラ(注13)。分析の対象となったのは全部で3078社、時価総額にして合計59兆ドルの企業だ。

我々は数千に及ぶ出所からビッグデータを集め、社員・取引先・顧客に対する各企業の対応について感情分析を行った。その結果、**図表4-2**にあるように、社員と取引先の安全を優先し、顧客の要望に応じるサービスを提供した企業のほうが、調査対象となった32日間の株式リターンで競合他社を2・2％上回っていたことが明らかになった（この2・2％は、比較対象する2グループ間で、帰属業界ごとの違いや個別企業の特徴を勘案した後の数値である)。

この発見は意義深い。自社のステークホルダー全員に目を向けて行動することが利益につながると示しているからだ。同時に、一部の企業幹部が主張する「投資家が企業幹部の手足を縛るので、短期的視野で〝自分のことだけ考えろ〟的な経営手法をせざるを得ない」という言説に疑問を呈することにもなる。次の第5章で詳しく述べるが、この問題の根っこは多くの場合、企業の周辺にいる投資家の姿勢ではなく、企業の内部のインセンティブと社風に帰する。

とはいえ、こうしたデータを見て、〝サステナビリティの取り組みは企業の財務実績の強化につながるのだから、すべての企業は何であれできることを徹底的にすべきだ〟などと言うのは、問題の複雑さを見落としている。話がそれほど単純であれば、ニューヨーク・スポーツ・クラブ(政府が外出自粛を訴えているにもかかわらず会員への会費返却を拒否した)(注14)や、シェアオフィスのウィーワーク(パンデミックの最中にも営業を続け、顧客に契約料の支払いを余儀なくさせた)(注15)のような企業を我々が目にすることはないはずだ。

一部の企業は短期的な資金ニーズのためにどうしても営業を続けざるを得ない。パンデミック期間中の損害に耐える余裕がないからだ。そうでない企業は、正しい行動が長期的には金銭的利益につながることを期待して、一時的な金銭的損害を受け入れた。こうしてコロナ禍の期間、〝優れた企業市民〟とはどういうものなのかを露骨に示す実例が浮き彫りになった。それは、ビジネス界が〝パーパスと利益の両立〟というテーマを極めて真剣にとらえていることの証拠にもなった。こうした企業にとっては、長期的にマテリアルなものが変化したのである。

パーパスと利益の不一致、スキャンダル、そしてリーダーの役割

本章では主に、企業の善行の成功例を取り上げてきたが、ニューヨーク・スポーツ・クラブやウィーワークのように、企業は必ずしも社会的に優しい行動をするとは限らない。それどころか、ニュースを見ていると企業の不祥事がかつてないほど増えているように感じられるかもしれない。しかし、実際には〝不祥事〟と見なされる行為の範疇が途方もなく広がったことと透明性の高まりのせいで、報道される不祥事が増えたというのが現実だと思う。私にとって大事な点は、企業が不祥事に見舞われたときに何が起きるか、である。

近年で最大級の企業スキャンダルといえば、2016年の夏に表沙汰になったウェルズ・ファーゴのリテールバンキング部門の不祥事だろう。顧客が必要としない金融商品を何千件も売りつけ、100万口を超える銀行口座を行員が勝手に開設していたというス

キャンダルだ。結局、同行は政府による課徴金、民事制裁金および刑事罰の罰金として30億ドルもの巨額の代償を払うことになる。株式時価総額は２００億ドル減少した。経営幹部は何百万何千万ドルもの財産を失い、解雇もしくは辞任に追い込まれた。１６０年かけて築いた信頼は粉々になった。

ブラジルでは、ナチュラがその取り組みによって意義深いプラスのインパクトを与えている一方で、ブラジル石油公社ペトロブラスの汚職スキャンダルが国全体を揺るがした。同社幹部と取引先の建設会社幹部との間で総額50億ドルを超えるカネが賄賂やリベートとして行き交い、入札金額を不正に引き上げることでペトロブラスに法外な金額を支払わせたのだ。不正行為を実現するために社員に大金を渡し、それを何年も続けられるよう政治家にも大金を払って沈黙を守らせた。(注16)

メディアは即座にブラジルの汚職文化を非難した。「カネと権力を持つ人間が逮捕されたとき、ブラジル人が言う言葉がある。〝どうせ最後はピザパーティになる〟――要するに、司法制度はエリートに有利になるよう不正操作されるというわけだ」とニューヨーク・タイムズ紙は書いた。「被告人は投獄を免れ、ピザを頼んでお祝いするといわれている」(注17)。だがペトロブラスの事件では違った。ＣＥＯは禁固11年を言い渡された。(注18)

「ビジネスをする以上はしようがない」との言い訳で見逃されてきた行為（例えば銀行に

よる顧客情報の多面的利用）も、もはや許されなくなった。性差別、セクシャルハラスメント、工場労働者の酷使、行きすぎた汚染物質の排出などの環境破壊、その他多くの問題行動は、会社と社員に深刻なダメージを与えるほどにまでなった。悪行は失うものが大きく、またＥＳＧ方針に真摯かつ全面的に会社全体で向き合わない限り、悪行を避けるのは難しい。

私は10年以上前からペトロブラスやウェルズ・ファーゴのような不祥事について、そして最も重要な点として、それらの不祥事を引き起こす環境について、研究を続けている。腐敗を受け入れるというのは、腐敗と戦うことを最優先しないということだ。それが悪事を引き起こす。スキャンダルに見舞われた企業では、別にリーダーが悪事を推奨していたわけではない（例外はあるが）。

同じハーバード・ビジネス・スクール教授のポール・ヒーリーと私の共同研究では、数百社の組織の記録資料と実地調査により、多くの経営者が法令遵守を促す仕組みに投資することの重要性を理解しており、社員には誠実な行動をするよう常に訴えかけていることが明らかになった。ところがその経営者自身が、法令遵守や倫理基準を守ることよりも、競合を上回る業績をあげることや投資家に好印象を与えることのほうを重視しているため、結局はそれが社員の行動を決める最大の要因になってしまう。

そうした経営者は、利益のためにいかがわしいビジネス慣行に目をつぶり、社員の悪行を知っても罰を与えないこともある。社員はみなそれを見ており、それに応じた行動をするようになる。ある事業会社の取締役会会長から、こんな話を聞いたことがある。その会社では悪事を働くのが当たり前になりすぎてしまい、その会長がひどい悪行をした社員を問い詰めたところ、「みんながやっていることです。何も問題ないですよ」と言われたそうだ。その会社にとって法令遵守とは、社風の大事な一部分ではなく、たんにチェック項目が1つ増えただけの意味しかなかったのである。

悪行が表沙汰になれば、その結果は明快だ。罰金、評判の下落、そして株価の暴落。仮にウェルズ・ファーゴの幹部に〝不正な口座開設が見つからないほうがよかったか〟と聞けばイエスと答えるのは明らかだ。それでも大半の人はこう思っている。倫理的問題は別として、もし不正口座が表沙汰にならなければ、法を破ることで金銭的メリットがあったに違いない、と。ところが実際はそうではない。ヒーリーと私が行った研究では意外な結論になった。法に反する行為から生まれるビジネスは、たとえその不法行為がなんのとがめを受けないとしても、努力に見合う結果を生まない、という結論になったのだ。

ドイツの巨大な製造業シーメンスは2004年、汚職スキャンダルに見舞われ、最終的に16億ドルの罰金を払うことになった。当時としては、近代産業史で最大の金額だった(注19)

（今その不名誉な記録は、２０２０年に40億ドルを支払ったエアバスのものだ）[注20]。汚職スキャンダルの後で行われた会計監査によれば、賄賂の金額が大きかったため、一連の不正取引からシーメンスが得た利益は、すべて賄賂に食い尽くされていたことが判明した。

我々が４８０社の組織を調べたところ、やはり似たような結果になった。その４８０社は、腐敗防止評価でより高得点の競合他社と比べて、売上成長率こそ高かったものの、利益率は低かったのである。それどころか、不正な取引から生じた売上げの増加分は、利益の減少分によってすべて相殺されていることが判明した。したがって、不正の発覚や罰金という相当のリスクを考えに入れなくてもなお、金銭的メリットはない（少なくとも株主にとっては。個別の社員で、担当地域や担当部門の売上成長率に応じてボーナスが決まるような人は、多額のボーナスを手にした）。そして、不正が発覚するリスク――加えて、腐敗防止評価で酷いスコアをもらう企業が直面する事態――は極めて深刻だ。そうした企業はいずれスキャンダルが表面化してメディア報道にさらされる確率が28％も高かった。

企業の悪行 vs. 不法行為

この章で私が取り上げたような不祥事――賄賂、口利き料、明らかな犯罪行為――と、本書を通して私が批判する「社会的影響に対する、よくある無関心」とを同列に扱うのは、さすがに行きすぎではないか――そう思われる読者もいよう。社員の有給病気休暇や環境汚染をあまり大事に考えない企業と、本当に法律を破っている企業との間には、大きな違いがある、と思われるかもしれない。従来であれば、こうした問題はまさにそのような考え方に基づいて判断されていた。問題とされる企業行動が合法であれば――規制で許されるギリギリまでの環境汚染や、労働者の法的権利にまったく違反していない賃金支払いなど――おそらくCEOは恥じることなく反論し、問題視されている行動を擁護し、最優先すべきは利益なのだから、企業が利益最大化のために合法にできることはすべて正当な行為である、と主張するだろう。

だが、両者の境界線は今やそれほど明瞭ではない。ありがちな〝良くない〟企業行動と、スキャンダル扱いされる企業行動との差は、事実上消えつつある。その一因は〝良くない〟企業行動が次々と露見しているからだ。不祥事に見舞われる企業の中には、SNS登場前の時代ならその会社のサプライチェーンがほとんど世間に注目されることのなかった企業もある。ところが今や、我々はテクノロジーのおかげで世界中の小さな出来事まで目を光らせ、情報を収集できる。

世界的なESGデータサイエンス企業であるレプリスクは、全世界16万5000社以上の企業について、そのサプライチェーン上で労働問題が起きていないか、環境破壊をしていないかを監視し、投資家や自社ブランドを守りたい企業に情報提供している。だが、これはたんに問題発覚を恐れているから、という理由だけではない。適切な企業行動とは何か、という倫理上の受け止め方に変化が起きているのだ。たとえ何十年も昔であっても、そして利益最優先のCEOであっても、自社のサプライチェーンのどこかで児童労働が蔓延していると聞けば、それが決して表面化しないとしても、それだけの理由で〝問題なし〟とする人はいないだろう。

児童労働は極端なケースだが、今ではより多くの問題が、児童労働に負けず劣らず言語道断だと見なされるようになってきている。環境汚染や性差別は、児童労働と同様に社会的に許されなくなっている。#MeToo運動を考えてみてほしい。昔ならハラスメントはうやむやにされることが多かった。企業は、信用できる告発があったとしても、ましてや噂や悪評程度では、ハラスメントをした経営幹部のクビを切ることはなく、中にはそのままトップまで出世する者さえいた。性差別、低賃金労働者の使い捨て、気候変動を加速させる行為――こうした問題がトップニュースとして報道されることはなく、それらは〝残念なことだがビジネス界の常識の範囲内〟の出来事だと見なされていた。カトリック教会は、子供に対する性的虐待の告発を何十年間も無視し、聖職者を訴追から守ってきた。

世界がその問題を知り、気にするようになって初めて事態は動いたのである。

今日、ペトロブラスのような酷い状況にならなくても、企業にダメージを与える規模のスキャンダルは発生する。ESG実績が冴えない内容――ESG問題を重視していない、ESG問題に対する意見をはっきり述べていない、ESG問題の先頭に立っていない――ならそれだけで1つのスキャンダルであり、巨大な逆風につながりかねない。

善行を競争優位に変える

こうした経験から学べる教訓は、業界内の全社が同じような行動をしているからといって、必ずしも自社も同調しなければならないわけではない、ということだ。〝善行をすると競争上不利になる〟と嘆いていてもかまわないが、善行を競争優位に変えて画期的成功のきっかけにすることもできる。それを身をもって示したのが米国の石油会社オクシデンタル・ペトロリウムである。2020年11月、同社は将来の目標として2040年までに温室効果ガスの排出を差し引きゼロにすると宣言したのだ。

石油会社としては大胆な行動だが、CEOのビッキー・ホルブは未来を見据え、世界が気候変動への懸念を強める中で、石油・ガス業界も劇的に変わらねばならないと考えた。

石油を売るよりも、カーボン（二酸化炭素）マネジメントの会社として自社を位置づけるほうが良い結果につながると確信したのだ。換言すれば、彼女は自分たちの業界の定義を変えたいと思ったのである。

自社の事業提案を大きく方向転換し、将来の不祥事や問題発生がはるかに起きにくくなるような方向に進もう、というオクシデンタル・ペトロリウムの取り組みが成功するかどうかはわからないし、もしかするとすべてはマーケティングと広報宣伝のためなのかもしれない。それでも、同社の動きは注目に値するし、似たような動きは今後増えるだろう。タバコ製造業のフィリップモリスですら、自分たちの事業を〝煙のない社会〟に貢献するものに変えると公約している。このままではメディアの批判と評判悪化が待ち受けていると気づいた先進的な企業たちは、別の道を探し、自分たちは違うと宣言し、その違いを具体的に示せるよう堅実な道を進みたいと思っている。

なぜ不祥事を気にしなければならないのか

たまに聞かれることがある。自分自身が何も間違ったことをしていないなら、なぜ企業の問題行動に興味を持つ必要があるのか、と。確かに問題ある企業は存在するが、自分はその企業のトップでもないし、自分が倫理的に間違ったことをしていないなら、なぜそんなことを気にしなければならないのか――。私の教え子を含む若い世代を中心に、多くの人々が〝自分が正しいことをしているなら、それで問題はない〟と考えている。彼らの関心の的は、自分のキャリアを切り拓き、自分の影響力が及ぶ範囲内のことだけを切り盛りすることにある。自分より上のレベルで起きることが自分に影響を与えるとは思っていない。

だがそれは違うのだ。研究結果でも、個別具体的な事例からでも、それは違うと証明されている。ウェルズ・ファーゴの不祥事の後遺症に苦しんでいるのは、経営トップ層だけではない。同社のあらゆる階層にいた社員が、深刻な影響を今でも受けている。何ひとつ悪いことをしなかった人たちも、不祥事のイメージを自分に重ねて見られてしまう。

ある組織に起きたことは、その組織の全員に密接に関連してくる。起きた問題にまったく関係のない人々も逃れられない。私がハーバード・ビジネス・スクールのボリス・グロイスバーグとウェストポイント（陸軍士官学校）のエリック・リーと共同で行った研究で、2000人超の転職経験のあるマネジャーを調べたところ、不祥事のあった会社から転職してきた人は、そうでない人と比べ、給料が4％近く低いことが判明した。(注21)この給料の差は長期にわたって続く。スキャンダルの起きた部門と業務上近ければ近いほど、そして職位が上であればあるほど、給料へのマイナス効果は大きくなる（例えば、販売スキャンダルがあった会社のマーケティングマネジャーとか、会計スキャンダルがあった会社の財務マネジャーなど）。

上記の研究プロジェクトの一環で、私はリーマン・ブラザーズの上級幹部だった人物と話をした。同社はおそまつなガバナンスとリスク管理で悪名がとどろいた金融機関だ。その人物は、汚名を着せられなかった平社員と比べると上級管理職はより深刻な影響を受けたと認めている。彼自身は、破綻の原因をつくった事業には関与していなかった。彼は（リーマンショックとも呼ばれる）例の金融クラッシュに何の関係もなかった。それでも、元リーマン・ブラザーズということから生じる負のイメージにより、今でも金融業界でキャリアを続けられずにいる。悪影響はずっと持続しており、彼は再就職にとてつもない苦労を強いられている。

では、我々はどのように対策をすればいいのか？　不祥事が発生する前に、自分の所属する組織全体を詳しく調べてみることだ。そして、自分が組織への奉仕者として行動しており、組織を倫理的に正しい方向に動かすために自分にできることをきちんと行っていると確認する必要がある。最低限、法律および業界の暗黙の常識は知っておかねばならない。とりわけ、あまりよく知らない国で働くときはなおさらである。

まだすべきことはたくさんある

悪行の代償は日増しに高くつくようになってきており、善行は見返りが得られるという証拠が続々と示されている——それでもまだ不祥事が繰り返しニュースになっているという事実は、我々のすべきことがまだたくさんあると教えてくれる。コロナ禍への対応を見るだけでもそれははっきりとわかる。私は次のように今後を予想する。自社の短期的利益にとらわれない見方ができることを示した企業は、最終的に市場から報われることになるだろう。加えて、コロナ禍の際にそうした企業が推し進めた取り組みを通し、彼らは気候変動や社員の幸福といった、コロナ禍よりはるかに大きな問題に対する新しい考え方を身につけたと思う。次の大きなブレイクスルーが生まれるとしたら、それは環境が極めて厳しいときにこそ生まれるのではないだろうか。バリューチェーンのどこかにいる社員が、極めて深刻な難題に対する創意工夫に富んだ解決策を見つけ出すかもしれないからだ。

本書ではここまで、驚くべき新しい景色を描いてみせた。大きなトレンドやデータ、各種の証拠を示しつつ、企業がこれまでと違う行動を取り始めており、社会が企業行動に期待・要求するものが変わってきた様子を描いてきた。次のパート2以降、本書の後半では、こうした動きをすべて1つにまとめていく。リーダーとして、投資家として、社員としての読者が「パーパスと利益の新しい調和」（ニューアラインメント）を上手に利用するにはどうすればいいのか、詳細に見ていく。会社経営者として何をすべきか、資産運用をするならどうすればいいのか、キャリアを築くためには――こうした疑問に答えていく。

第5章では、さまざまな企業がこうしたトレンドを追い風にする方法を見つけつつある様子を紹介し、そうした企業が自社の持続可能性を高めるために採用している戦術を点検する。第6章では、そうした戦術を足場にしてチャンスをつかむための6つの大きなカテゴリーを示す。そして、その6つを分析することで、サステナビリティが企業の最終損益に大きな意味を持つようになった世界で価値を創造する方法を考える。第7章では投資家に目を向け、自社の行動に気を配るよう企業にプレッシャーを与え続けるという投資家の役割について述べる。最後の第8章では、我々全員が日々の生活や仕事について考えるうえで、こうした考え方をどのように活かしていけばいいのか、という点を考える。企業が利潤追求をしながらも同時に善行をする――その妥当性と重要性、そして潜在的可能性に、世界がこれほど短期間で気づいたのはすごいことだ。次は我々全員が、そうした考え方を実際に活かしていく方法を理解する番である。

Part. 2

実行に向けて
――企業と政府と個人の役割

第5章

善行をしつつ利益を出す戦術的手法

私は、パート1で紹介したようなトレンドについて、世界各地のビジネスリーダーに話す機会が多い。以前はだいたい疑いの目で見られた。リーダーたちはこう主張したものだ。例えば高価な太陽エネルギーを使うことは確かに環境にとって素晴らしいかもしれないが、コストのかかる方法がみなそうであるように、サステナビリティ問題を限界まで追求していくと、どうしても最終損益はマイナスになる、と。

ESG関連のあらゆる取り組み——社員に市場平均より良い給料を払う、二酸化炭素排出量を減らす、工場の汚染物質排出を抑える、有給病気休暇制度を導入する、商品包装を持続可能なものに改善する、オーガニック（有機栽培）の承認を目指すなど——は、それ単体だけで見ればどれもやるだけの価値はある。善意に満ちたビジネスリーダーたちは、もしできるものならそれらの取り組みを行うだろう。だが、そうできない唯一の理由は、トレードオフがあるからだ。企業が生き残っていくためには、すべてにおカネをかけるわけにはいかない。考え得るすべての側面でいずれも完璧な地球市民になることはできない——。

以上がこれまでの考え方である。確かに、財務面全般の向上に結び付かないESG戦略は今でも市場でこっぴどく懲らしめられる。正しいことをしたからといって、画期的な成功が無条件で手に入るわけではない。それにもかかわらず、あれもこれも見事にやってのけ、プラスの結果に結び付くと示す企業が現れるようになった。ナチュラやユニリーバ、オートリーなど、本書でもそうした企業をいくつか紹介した。

他にも数え切れないほどある。例えばトヨタはハイブリッド車の開発で先頭を走りつつ、〝環境チャレンジ〟として2050年までに二酸化炭素排出量ゼロにし、環境インパクトを差し引きプラスにすることを自らに課している。製薬会社のノボノルディスクは、慢性疾患を減らす仕事を続けつつ、自社の環境への悪影響をなくし、サプライチェーン全体で再生可能エネルギーの使用率を100％に近づけようと努力している。これら企業の取り組みは今のところうまくいっている。どうしてそんなことができたのだろう？

ここから先は、「パーパスと利益の新しい調和」（ニューアラインメント）を自社に有利に働かせるためにビジネスリーダーができることを検討していく。誤解しないでほしいのだが、これは必ずしも簡単な話ではない。それどころか、極めて難しい。ニューアラインメントの実行を目指すのは、会社としても経営幹部個人としても、失うものが大きいかもしれない。なぜなら、その実行には長期的思考が必要であり、短期的には犠牲を伴うことも多く、複数のリスクを負わなければならないからだ。競合にすぐ真似されるような手法のさらに先を行き、サステナビリティによる正真正銘の競争優位を見つける――これは先の見えない進路である。どこかの企業がその道を切り拓いてくれた後なら、すべてはとても簡単に見えるだろうが。

誰かがやり遂げた後で振り返って見れば、実に簡単そうに見えることはよくある。だが、もし本当にそれほど簡単なら、すべての企業が我先にとそれを行っているだろう。実際は簡単ではなく、周到な準備と大変な努力が必要で、しかも成功する保証はない。現実にますます多くの企業が、持続可能な企業としての足場を固めようとし、正しいことをしつつ戦略的にも賢い動きで業界全体に影響を与えようとする中、長期間持続する競争優位を見つけるのは次第に難しくなってきている。市場の勢力図は絶え間ない成熟と変化を続け、評価指標は次々に高度化し、成功の方程式もそのうち変わりかねない。

こうした問題に組織としてどう向き合い、どのように勝利をつかむか。そのやり方はいくつもある。だがまず、組織としてどうすべきかという具体的な方法論に踏み込む前に、最大の影響を受ける個人にとってそれがどんな意味を持つのかを考えることが重要だ。

◉——命まで狙われたリーダーの挑戦

2013年12月、私はノルウェーのオスロを訪れて基調講演を行った。テーマは持続可能なビジネス手法への移行と、それが個人・企業・地球に与える影響についてだった。オスロに滞在中、私はノルウェー最大の廃棄物処理企業ノルスク・ジェンヴィニングでCEOを務めるエリク・オズムンセンと会った。彼はCEOになって1年。世の中を大きく変え得る可能性を秘めた組織のリーダーを務めることに興奮していた。廃棄物処理業は、リサイクルやその他の先進的な処理工程により、結果として二酸化炭素排出量を減らし、環境に巨大な恩恵をもたらすことができる。エリクはそのための大がかりな事業にちょうど着手するところで、将来を楽観していた。しかし、事は彼の期待通りに運ばなかった。

私はエリクと親しくなり、その後の彼の奮闘ぶりを間近で見ることになった。組織を持続可能な方向へ転換させようとし、企業倫理や汚職の問題を真剣に考え、循環型経済の実現を心から願うエリクの直面した困難を——。彼がノルスクのCEOに就任したとき、同社の——というよりも、廃棄物処理業界全体の——習慣的行動は、社会的に見て素晴らしいものではなかった。彼はCEOになってすぐ、さまざまな不正行為が横行していることに気づいた。廃棄物集積所から預かった少量の集荷を報告せず、代金を自分のポケットに入れてしまう者、有害廃棄物を非有害廃棄物に混ぜて処理コストを下げる者――。エリクが調べを進めると、人々の健康と開かれた社会を危険にさらすようなこの種の慣行が業界全体に蔓延していることがわかった。

エリクは落胆すると同時に事態を変えようと奮い立ち、社員に向けて最後通牒を突きつけた。高い倫理基準に基づいて行動し、サステナビリティの原則を守りなさい。さもなくば、会社を去るように――。蓋を開けてみると、多くの社員はエリクに賛同せずに会社を辞めた（もしくはクビになった）。残念なことに、それでも問題は解決しなかった。少なくとも会社にプラスにはならなかった。辞めた社員の一部は顧客も一緒に連れて行ったので、会社が受けた損害は甚大だった。2年のうちにノルスクのラインマネジャーの60％超が辞めた。その欠員をすぐに埋めることはできず、エリクは他業界から人を採った（簡単ではなかったが）。廃棄物処理業界の悪しき慣行に染まっていない人が入れば、少しは明るい展望が見えてくるのではと期待して。

結局エリクは、状況を変える一番の方法は表に出てメディアに訴えることだろうと腹をくくった。だがこれが裏目に出た。ほぼすべての競合を含め、廃棄物処理業界全体がエリクの行動を非難し、彼を仲間はずれにした。エリクの狙いは犯罪組織（処理業者からカネをもらって有害廃棄物を引き取り、未開の地に不法投棄していた）にとって脅威になる。そのため、彼は「殺す」という脅しも受けた。妻子が心配で夜も眠れなかった。「こんなことを続けるべきなのだろうか」と彼は自問した。「私はこれをやり遂げられるほどの人物だろうか」と。

エリクが思い描いていた会社の方向転換はこのようなものではなかった。彼は2021年春にハーバード・ビジネス・スクールの私のクラスで話をし、こんな人生になると思ってはいなかったと述べた。エリクは身の安全を守るための護衛チームを必要とし、家族は彼が受けた脅迫におびえている。彼はいつも自分に言い聞かせている。今は、世界を変え得るような大きなことをするために犠牲を払わねばならない時期なのだ、と。

幸いなことに、ノルスクの取締役会はエリクを支援しており、彼が仕事と生活をしている国は頼りになる警察組織と透明性、法体系がある。エリクに説得された業界内の別の1社も改革に乗り出したため、完全に孤独な戦いではなくなった。それでもなお、彼のしていることは個人レベルでは極めて困難な挑戦だ。たとえ客観的データが揃っていて、自分が世の中のために善意で動いているとしても、こうした取り組みを実際に行うのが常に簡単とは限らないことを示す象徴的な事例である。

エリクの話は極端なケースだ。リーダーの誰もが殺しの脅迫を受けるわけではない。それでも、多くのリーダーがこの10年間に味わったであろう困難がどのようなものかを教えてくれる。改革に前向きでない業界や企業で変化を起こそうとしたリーダーたちがどのような事態に直面したのかを――。彼らは変化を起こそうと努めたことで、激しい抵抗、疑いの目、孤立に直面し、時には攻撃さえ受けてきた。ＥＳＧ問題を企業戦略に組み込むことは勝利の方程式になり得るという圧倒的な証拠が示された今でさえも、それが常に変化への説得力を十分に持つとは限らない。ノルスクは２０２１年に過去最高の財務実績を達成する見通しだが、エリクがこの改革に着手したとき、彼は何の保証もないことを理解していた。リーダーはとてつもない個人的な犠牲を払ったうえ、仮に改革に成功したとしても、何もしなかった場合に比べてはるかに多くの仕事に追われることになる。無料で手に入るものなどないのである。

結果を出すための道筋と枠組みがある

我々の社会はこの30年で間違いなく進歩を遂げた。30年前の企業はＥＳＧの取り組みをほぼ何もしていなかった。それに比べたら今の企業ははるかに成熟した存在になっている。

とはいえ、ここまでの歩みは遅々としたものだった。

最初にESGがらみのデータが大勢の注目を集め始めた頃、それは主として、企業が（社会に）害を与えない能力を持っているかどうか、善行をしようという漠然とした意思があるかどうか、を判断するために使われた。「この会社のリーダーは環境と社会のために良いことを実現したいと思っていますよ」というサインを市場に送るためのものであり、そこには具体性がほとんどなく、そのような取り組みが企業戦略の中でどのように位置づけられるのか、という点も何も示されなかった。ESG実績は企業の善意を見る指標にはなったが、生産活動については実質的に何の手がかりにもならなかった。もし当時、サステナビリティ関連の取り組みの効果を最大化したい企業に何か助言するとしたら、ウェブサイトやプレスリリースの文面をどうするかという話ばかりに終始したであろう。

今やESGは、それよりはるかに大きな存在になっている。ESG実績を見る指標は続々と増えており、競合より先を行く唯一の道は本当の結果を出すことだけだ。ESG問題を本業の中核に組み込み、競争で何歩も先を行き、素晴らしい結果を出してそれを世間に伝えるしかない。こうしたことを見事に実現してのけるのは、すべての企業にとって簡単ではない。

それにもかかわらず、私や研究仲間の調査研究により、今のビジネス環境のもとでサステナビリティの成果を効果的に手に入れる——企業として善行をしつつ、同時に財務面でも優れた結果を出す——のは、勘に頼った手探りの作業ではないことが明らかになっている。経営判断の参考にできるような、きっちりした道筋と枠組みが存在するのである。

サステナビリティ・イノベーションへの道筋

その道筋とは、ある程度は直感的に理解できるものだ。走るためには、その前にまずハイハイができるようになる必要がある。企業はサステナビリティ・イノベーションの達成までに3つの段階を経る（図表5－1を参照）。

最初の段階は「コンプライアンスとしてのESG」だ。この段階にある企業にとって、ESGとはまずい事態を避けるためのチェックリストである。簡単な行為、ちょっとした情報開示、イベント、グッドウォッシングに近いマーケティングと広報——まずい事態を避けるためにすべきはこの程度のことである。以前ならこれで十分だった。現在、これらはただの〝参加費〟であり、最低限これらをしなければゲームに参加することさえできない。

例えば、ちょっと前にプラスチック製ストローの大量消費が世間の関心を集めたことが

図表5-1｜サステナビリティ・イノベーション達成までの3つの段階

あった。米国だけで1日5億本のストローが使われており、おそらく83億本ものストローが世界中の海岸に打ち寄せているとの試算もあった。マクドナルドはこれに反応し、英国とアイルランドでストローを使わないようにすると宣言した。スターバックスも、世界中で段階的にプラスチック製ストローを廃止していくと公表した。

それ自体は立派な行動であるが、問題が起きてからの事後的な対応であり、おそらくは両社にとってストロー廃止のコストが比較的小さかったからこそ実行された可能性が高い。大きな企業戦略の一環としてなされたことではないし、主として新聞の見出しを飾るための行動である。

これは、サステナブル行動の第1段階にある企業で典型的に見られる行動だ。取り組みをするとしても無計画で散発的であり、大きな戦略に沿った不可欠の一手としてなされることはまずない。多くは社員主導型の自発的な取り組みであり、何らかの外からの圧力に対する反応として行われる。

次に企業は「効率的なESG」の段階に進む。ここで企業は簡単に手に入る果実を見つける。例えば、二酸化炭素排出量の削減や地域社会との関係強化といったことだ。おカネと時間はかかるが、要するに既存の経営資源の振り向け先を変えるだけであり、目指すべき取り組みのいいとこ取りである。そうした行為で競争優位が得られたとしても決して長持ちはしない。

この第2段階にある企業は、こうした「効率的なESG」の取り組みを日常的に行うようになる。企業として生きていくには欠かせない行為ではあるが、他社との差別化にはつながらない。20年前なら「カーボンニュートラルを目標にする」と宣言するのは革命的だっただろう。だが今日ではごく一般的なことだ。この第2段階において、企業のESG関連の取り組みはまだ本業から離れた周辺部にある。おそらくは、安全性とかサプライチェーンがらみで独立した部署を設立したり、分野ごとに独自の制度を導入したり、といった形の取り組みになるだろう。企業がこうした取り組みに乗り出すようになったのは間違いなく良いニュースではあるが、競合が追い付けないほどの永続的優位を得られるレベルには達していない。

第3段階は「イノベーションとしてのESG」だ。この段階に至って初めて素晴らしい企業になる。この段階は、内燃エンジン車のように環境面で劣った旧式製品の生産工程でエネルギー効率を改善するといった、企業行動をわずかに変えるような話ではなく、会社全体を根本的に変えるという話であり、このケースでいえば、おそらく手頃な価格で技術的にも魅力のある電気自動車の生産能力を手に入れるということになるだろう。

意味あるイノベーションに向けた5段階のフレームワーク

どうすれば第3段階まで到達できるのだろう。どうすれば、努力と投資に値するサステナビリティ・イノベーションを見つけられるのだろう。この点に関し、私の研究から「5段階のフレームワーク」が明らかになった。

❶戦略的なESG行動を見つけ出し、社内に導入する
❷適切なESG目標を掲げ、結果責任を負わせる仕組みを構築する
❸パーパスを中心に置く企業文化を育てる
❹ESG目標がうまくいくように業務慣行を適切なものに変える
❺投資家と世界に向けて効果的に伝える

図表5-2｜5段階のフレームワーク

図表5－2はこの5段階を示したものだ。以降、本章では各ステップについて解説する。

❶ 戦略的になろう：ワセリンの驚くべき力

あなたの会社の主力製品がワセリン（商品名だが一般名詞としても使われる）だったとしよう。ほぼ150年も使われているこの製品にイノベーションの余地などほとんどないと思うかもしれない。ところが、ちょっと前にこんなことがあった。

ワセリン製造業者のリーダーたちがワセリンを差別化する方法を考えていたとき、医療関係者との会話を通して、ワセリンが世界中で応急手当てに欠かせない製品として活躍していると知ったのだ。とりわけ発展途上国では重宝されている。直火のコンロや石油ランプで料理をして、手にやけどやひび割れを負ったとき、ワセリンがあるかないかによって、学校や職場に行けるか、それとも家でおとなしくしていなければならないか決まるからだ。そこで、ワセリンを製造するユニリーバは、紛争地域などで暮らす何百万人もの人々が肌の傷を治す一助となるよう、ワセリンを無料配布する取り組みに着手した。ブランドを差別化でき、同時に社会の役に立つ賢い戦略である。

本書ではすでにマテリアリティの問題や、業界ごとに重要な評価指標が異なる点に触れた。戦略的思考とは、次に何が来るかを予測することだ。それはすなわち、まだ世界のレーダーには映っていないが近い将来に映りそうなものを突き止めることであり、競合より先に（またはサステナビリティ会計基準審議会〈SASB〉より先に）自分の業界にとって重要なエンジン役が何かを見分けることだ。もし戦略的なESGの取り組みを見つけて社内に導入し、外部からの圧力を受ける前にそれを事業の中核の1つにすることができれば、画期的なESGの成功事例を達成したことになる。

例えばイケアは、いずれごみ箱行きになるような安価な家具のメーカーという従来の位置づけを乗り越え、再利用やリサイクルを推進したり、修理して再び使えるような製品設計に注力したりした。イケアがつくり出している大量の廃棄物に対して世界が文句を言い始める前に先手を打ち、モジュール組み立て方式の家具に切り替えた。これなら簡単に分解して原材料に戻せる。それだけでなく、イケアは太陽光発電などの新事業にも参入しつつある。

ナイキは、廃棄物を減らしたいという人々の気持ちを巧みに利用して、フライニットシューズの開発に関する同社の取り組みを見事に人々に伝えた。フライニットシューズは、靴のアッパー部分全体が1本の糸（ファイバー）からつくられている。廃棄物を出さずに製造でき、従来の製品より製造コストが低く、より優れたシューズである。同社は、高強度のファイバーを使い、軽くて通気性が良く、しっかり足を支える性能を市場に売り込んだ。このフライニットは現在までに10億ドルの売上げに貢献している。サステナビリティへの関心が原動力になったイノベーションである。

こうした例はいくらでもある。米国のザイレムは、水道管の亀裂を見つけるセンサー連動型ソフトウェアを開発する企業で、水道網の効率を改善しつつ新規事業を開拓している。デンマークの海運会社APモラー・マースクは、保有する船舶の設計を変えて燃料消費量を減らした。医薬品製造のベクトン・ディッキンソンは、安全性の高い注射器を開発してHIV（エイズウイルス）の感染防止に貢献した。電力会社のCLPグループ（中華電力）は代替電力の分野に進出した。ドラッグストアのCVSヘルスは、タバコの販売を中止し、診療所を開設してヘルスケア分野に進出することで、競合との差別化を行った。

イノベーションとサステナビリティ実績向上の両方を一度に実現できるような戦略的

チャンスを見つけることは、成功に不可欠である。ただし、それはパズルの最初の1ピースに過ぎない。

❷ 目標を設定し、結果責任を問う仕組みをつくる

混じりけのない善意に基づき、戦略面でも正しい道を選んだとしても、それでもなお新戦略の導入というのは大半が失敗する。それが現実だ。仮になんとかうまく導入できたとしても、その後の運用がまずくて結局失敗に終わることも珍しくない。私の研究によれば、仕組みをきちんと機能させ、その状態を維持するには、トップダウンとボトムアップという組織の上下双方向からの圧力が必要なことが明らかになった。

私の言う「トップダウン」とは、組織の頂点にいる人々が結果責任を負うという意味だ。それにはまず取締役会から始めなければならない。そして組織の隅々まで浸透させる。大半の企業で、取締役会はＥＳＧの取り組みにほとんど関与していない。これは大きな問題だ。優れたＥＳＧ実績に強い関連性を持つ要因の1つは、取締役会の関与である。大半の場合、取締役会こそガバナンスの最高位機関であり、最上位の執行役も責任を負う。我々の研究では、サステナビリティ問題に関して強力なガバナンスが発揮されることが成功に

図表5-3｜リーダーの特徴

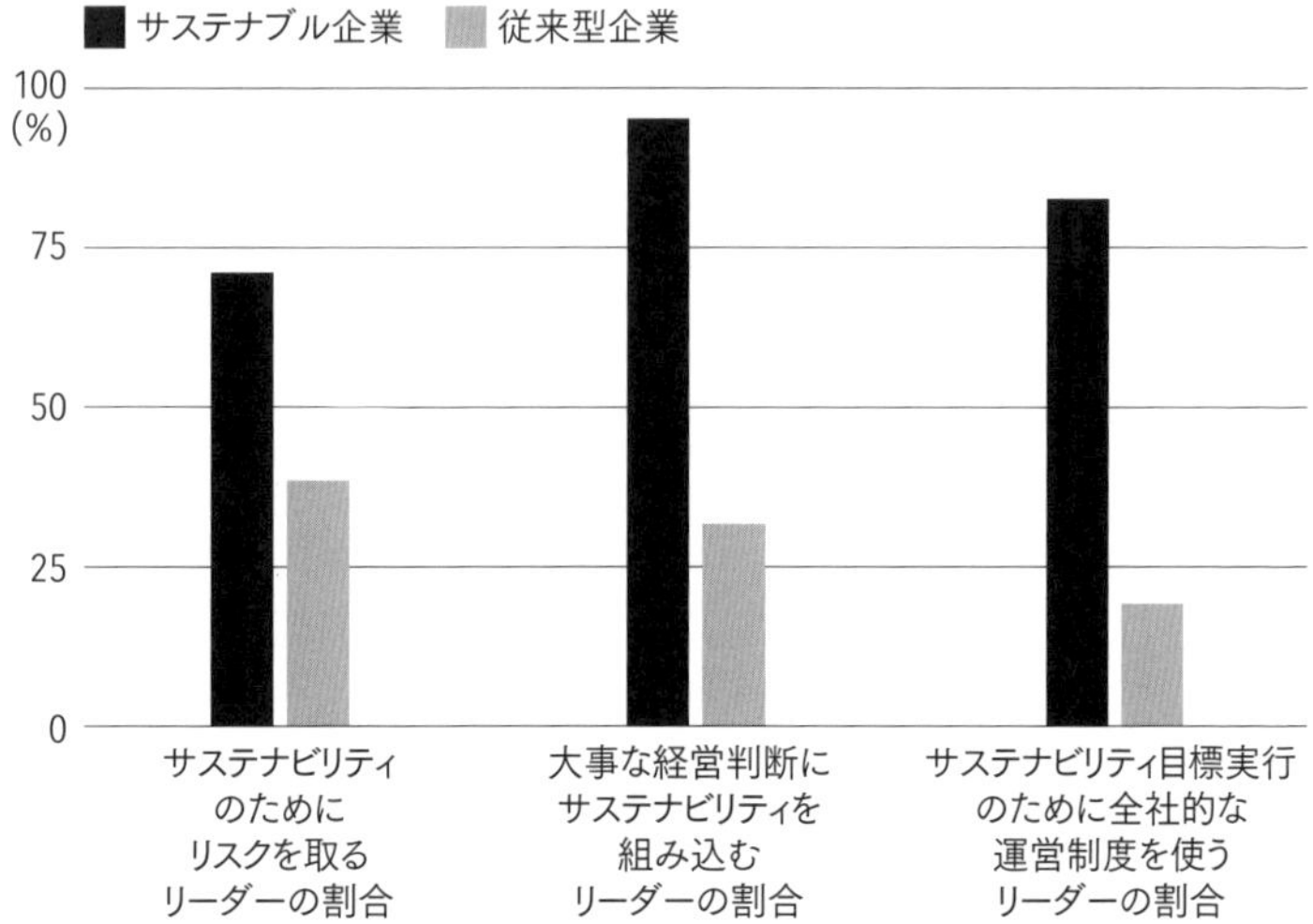

不可欠の条件であると判明した。

例えば、フランスの国際的な銀行グループBNPパリバの取締役会には、「サステナブルファイナンス」（持続可能な金融）の運動を主導するような人たちがメンバーとして入っており、そのことが同行のサステナブルへの取り組みに信頼性を与える一因となっている。

サステナブルな企業のリーダーたちは、そうでない競合他社のリーダーと比べて、いくつもの面でまったく異なる（図表5-3を参照）。その違いは、今後彼らがサステナビリティを実現するために取るであろうリスクや、そのために実行するであろう業務改革にはっきりと表れるだろう。

もう1つ、強い効果がありそうで、多数の企業が試しているアイデアがある。それは幹部報酬をサステナビリティ実績と連動させるというやり方だ。その一例がマイクロソフトで、CEOサティア・ナデラのボーナス（2019年は1080万ドル）の6分の1を、職場のダイバーシティ目標に連動させている。テック業界ではダイバーシティが極めて重要な課題であり、製品・サービスにあらゆる人々のニーズと利害が確実に反映されるようにしようというこの報酬制度は、マイクロソフトの取締役会が確かに結果責任を負っていることを示している。また、エネルギー業界で環境汚染の大きな原因となっているいくつかの企業――例えばBHPやロイヤル・ダッチ・シェル（現シェル）――は、役員報酬を二酸化炭素排出量に連動させた。CEOのボーナスの20~25%が排出量の実績によって決まる仕組みだ。

興味深いことに、おそらくは直感に反するだろうが、金銭的インセンティブは上記の例のような比較的簡単な目標を達成するのには効果があるものの、もっと根本的なサステナビリティ計画で、巨額の投資や業務運営の刷新を必要とする場合には、別のモチベーションのほうが効果がある。長期間かけて最大級の違いを生み出すような革新的な計画の実現には、安っぽいお題目ではなく難易度の高い野心的な目標を掲げることこそ、組織全体をやる気にさせる効果的な方法となり得るのだ。

私は2012年に世界的な先端材料企業ダウについて書いたことがある。同社は「ゼロの方針」を掲げ、製造工場における事故を「減らす」のではなく「皆無にする」ことを目標にした。どうやって実現するのか、具体案は何もなかったが、この目標を掲げることで社内の技術者や現場主任たちみんなの創意工夫をかき集められるだろうと考えたのである。結果的にその目標は達成された。10年間で推定1万3000人の負傷を防ぎ、同時に職場の生産性は向上した。その過程で企業文化もより良いものになったことだろう。

トロント大学のジョディ・グレウォールと「インパクト加重会計イニシアティブ」のデイビッド・フライバーグとの共同研究で、800社超の気候変動に関する企業目標を調べたところ、控えめな目標よりも大胆不敵な目標を掲げたほうが、目標を達成できる可能性がはるかに高まることが明らかになった。(注1) 高いところを目指すほうが、経営資源の投入量も、重要な業務改革も、イノベーションも、結果責任も増えるのだ。簡単に達成できる目標よりも、困難な目標を掲げるほうが、それを達成できる見込みが高まる。こうしたケースでは、金銭的インセンティブはかえってマイナスであり、思い切った高望みをするほうが効果的なのだ。

なぜそうなのかという理由は企業文化と関係がありそうだ。民間企業において企業文化は極めて大きな影響力を持つ。ここで大事なのはボトムアップ型の思考方法で、それがトップダウンの指示と歩調を合わせないとうまくいかない。大胆不敵な目標は、組織中の大胆不敵な社員を活性化させ、その目標の実現こそが重要なのだと伝える。目標の達成が困難な場合、その達成を報酬と結び付けることで生じるストレスが、プラス効果を消してしまうと我々は考えている。組織のあらゆる階層の社員が本気になることが必要であり、恐れの感情は不要だ。例えばイノベーションと変化を歓迎する気持ちなど、こうしたモチベーションこそが必要不可欠であり、それがパズルの2つ目のピースになる。

❸——パーパスを軸にした企業文化をつくる

フィリップスは長いこと電球のトップ企業であったが、2018年に照明器具部門をシグニファイという別会社に分離した。ところが最近になって、フィリップスは製品寿命の短い電球から〝持続可能なサービス〟としての照明事業に重点を移し、インタラクティブなLED照明システムやセンサーネットワーク、家庭や事務所、さらには温室までも対象とするスマート照明などに乗り出した。今や同社の収益の82・5%がサステナブルな製品/システム/サービスによってもたらされ、2020年までに80%にするという目標を達成した。

このようなパーパスの変更、すなわち「(浪費型の)製品の提供」から「(サステナブルな)サービスの販売」という変化は、社員を活気づけて(まさにボトムアップ思考だ)、サステナビリティを中心に社員を集結させることができる。トップ層が本気であると社員に思ってもらえなかったり、社員の熱意をどこに向けるべきか明確な方向性を示せなかったりすると、戦略的取り組みは失敗する。

私が思い出すのは、ある世界的なアパレル企業のことだ。彼らは自分たちのサステナビリティ戦略を深く理解してもらおうと、私を本社に招待した。経営幹部との会話で、彼らの本気度と熱い思いを感じ、私は大いに興奮したものだ。ところがその翌日、調達担当の中間管理職や現場の店舗で働く社員と話してみると、話がまったく違った。ある社員は言った。「その話は上だけで言っていることです。下のこちら側に目標(パーパス)は1つしかありません。〝倉庫に残っているものと、なるべく安くつくれるものを顧客に売れ――それが顧客の欲しいものでなくてもかまわない〟ですよ」

身も蓋もない実例だが、何が問題なのかよくわかる話でもある。組織の上から下に至るまで、パーパスこそが決定的に重要なのだ。そして、適切なパーパスを見つけることが本当の違いを生み出すための大部分を占める場合さえある。製薬会社のノボノルディスクは、独自の価値体系を打ち立て、財務的・社会的・経済的なバランスを保つために自社の行動のすべてにそれを組み込んでいる。ビール会社のアンハイザー・ブッシュ・インベブは、上から下まであらゆる社員の目標にサステナビリティを加味している。自社の目標に社員も加わってもらえば、目標を達成できる可能性が高まると期待してのことだ。大手保険会社のエトナは、利益だけでなく健康を中心に据えたパーパスへの取り組みの一環として、社員の福利厚生制度を導入した。そして、パーパスをめぐるマイクロソフトの改革についてはすでに紹介済みだ。

❹――重要な業務運営の改革：信頼のためのデザイン

戦略的な目標、トップによる結果責任の引き受け、パーパスを軸にした企業文化――通常、この3つだけではまだ十分ではない。4つ目のパズルのピースは業務運営に関わる部分だ。サステナブルな企業になるには、あらゆる行動にサステナビリティを組み込むための仕組みが必要だ。

ある種の考え方は、そのような仕組みを後押しする。私は複数の企業でそれを目にしたことがある。その考え方とは、エアビーアンドビーの創業者が「信頼のためのデザイン」と呼ぶものだ。同社はその考え方のおかげで、2020年に1000億ドルを超える時価総額で株式を公開できた。共同創業者のジョー・ゲビアによれば、そんなことができたのは、同社の所有する宿泊施設だけのおかげではないという。同社の業務のあらゆる部分にまで染み渡っている「信頼の文化」のおかげである、と。ゲスト（宿泊客）はホスト（宿主）を信頼しなければその家に泊まりたいと思わない。ホストはゲストを信頼しなければ宿泊を許可できない。そしてその両者は、エアビーアンドビーが背後で安全を保証し、仮にトラブルが起きたら仲介役を務めてくれると信頼する必要がある。この原則が組織全体に染み渡っていなければ、人々が見ず知らずの他人を自宅に泊まらせたうえ、それを可能にしてくれた同社に手数料を払うという驚くべきビジネスモデルも、馬鹿げた話にしか聞こえないだろう。

ウーバーのビジネスモデルもおおむね同じ考え方を利用している。深夜、見ず知らずの他人が乗っている車に乗り込む――こんなことをさせるには、信頼を深めるために極めてよくつくり込まれた仕組みが不可欠だ。エアビーアンドビーもウーバーも、本業から遠い周辺部で安全性を語っているのではない。製品・サービスのあらゆる段階で安全性を明確に意識して意思決定しており、しかもCEO以下組織のすべての階層でそれを行っている。組織のDNAに埋め込まれているのだ。

両社はどちらも、サステナビリティで先頭を走る企業とは見なされていないものの、信頼を重視するその姿勢により、我々が自宅と自家用車を活用するまったく新しい方法を創り出した。信頼はサステナビリティの中核にある。信頼のおかげで企業は新たな戦略を実施できるし、しかもその戦略実施がうまくいけば結果として信頼が増す。信頼は、よりサステナブルになる能力につながり、よりサステナブルになれば必然的に信頼が増すことになる。

ここでぜひ指摘しておきたい興味深い点は、エアビーアンドビーもウーバーも、もともとやっていた旧式のビジネスモデルを再発明したのではないことだ。両社ともゼロからその事業を立ち上げたからこそ、自社のあらゆる業務運営に顧客満足と顧客価値を組み込むことが簡単にできた。昔からある企業で、すでに業務の仕組みが出来上がっており、既存のビジネスモデルでうまくいっている場合、業務運営を変えていくという作業は上記2社とはまったく別の過程になる。社会にプラスの影響を与えることを重視した実務的な業務構造への移行は、突然すべてが変化するように起きるというよりも、進化のような形で起きる（図表5－4を参照）。企業が走り出すには、まずハイハイができる必要があるのと同じである。

図に示したように、まずはサステナビリティ担当の職権を設置するところから始まり、その権限が増えていくという過程を経る。通常は、誰かがＥＳＧ関連の責任者として指名

図表5-4｜業務運営の進化の過程

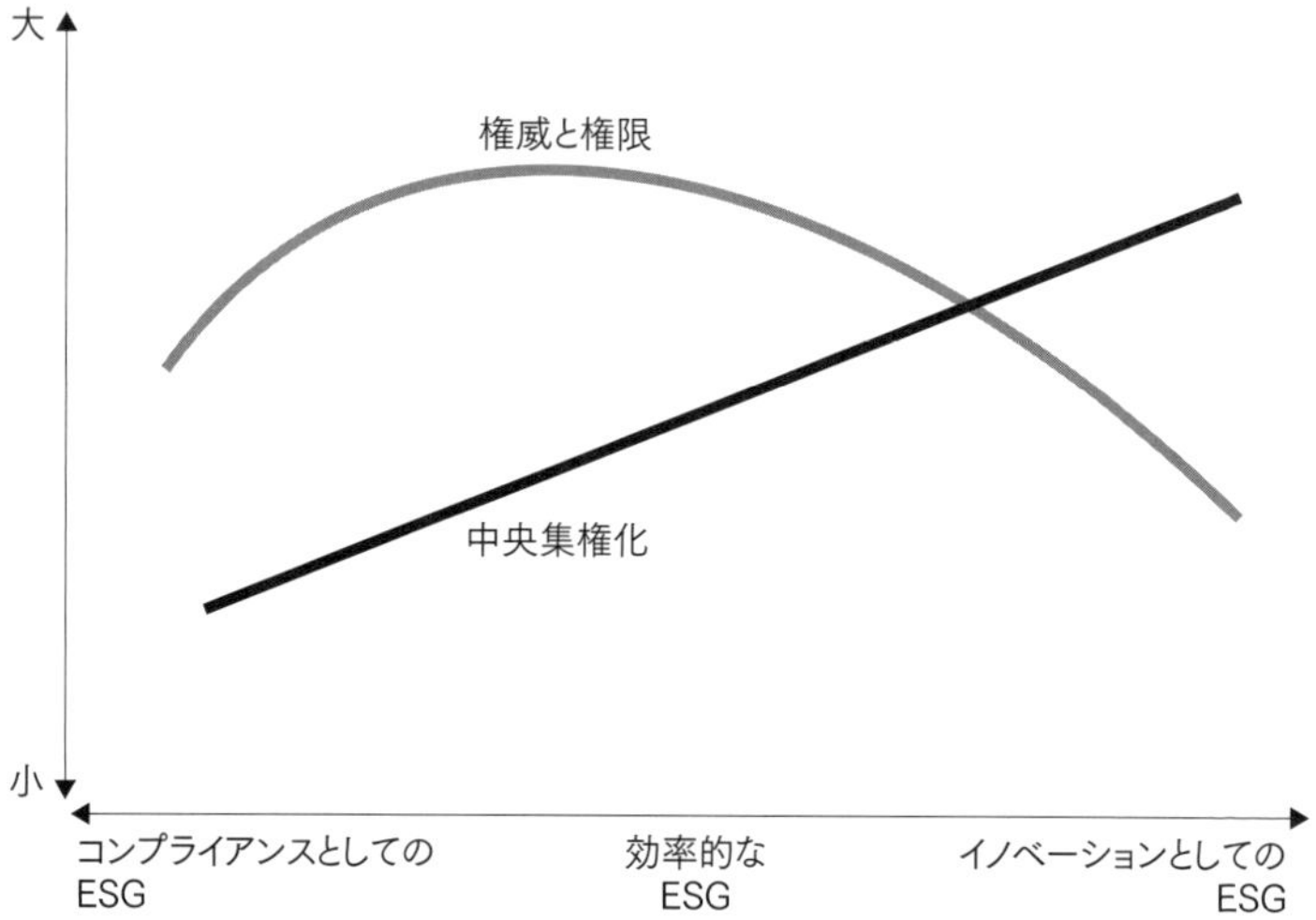

される。時にはＣＳＯ（最高サステナビリティ責任者）を設置するケースもあるが、最初はもっと職位が下のサステナビリティマネジャーなどを設置することが多い。

こうした責任者は、まずサステナビリティ関連の取り組みの調整から始める。最初のうち、こうした取り組みは極めて荒削りだったり、計画性のない散発的な取り組みだったりすることもあろう。たまたま個人的にこうしたテーマに興味を持つ社員が中心となり、ＣＥＯはあまり関与していないというケースもある。当初、サステナビリティ責任者に任命された社員たちは大した権威を持っておらず、経歴もさまざまだ。前の役職などで何らかのＥＳＧ関連の仕事を経験している人も多い。彼らは組織を次のステージへ、さらにその先へと動かしていく旗振り役となる。

ひとたびサステナビリティが会社の目標として掲げられると、彼ら責任者たちの力は強化され、社内の取り組みの調整役を務めるようになる。まずは廃棄物削減と資源効率改善に着手するのが一般的だ。また、社内の利害関係者とのやりとりが増え、その過程で今後必要になる支援者を増やしていく。

世界最大級の教育・科学ＮＰＯ、ナショナル ジオグラフィック協会でＣＳＯを務めるハンス・ウェグナーは（我々の共同研究の中で）こんな話をした。ナショナル ジオグラフィック協会は気候変動などの社会問題に関する報告書を発行していたにもかかわらず、一組織としては地球への貢献をきちんと果たしていなかった。そこで同協会のＣＥＯは、廃棄物ゼロ、カーボンニュートラル、職員の健康増進を目指すという新しいサステナビリティ構想を策定し、ウェグナーを責任者に指名した。ウェグナーはこの新構想の必要性を訴えるわかりやすい論理を組み立て、組織全体がサステナビリティの次なる段階へ移行するのを導いた。

私の授業では、ジェットブルー航空について教えている。１９９８年創業の同社は「空の旅に人間性を取り戻す」ことをミッションとしている。２０１１年、同社はリサイクルなどの対応が遅れており、サステナビリティ問題でもっとできることがあるはずだと気づく。年間1億個の空き缶を破棄しており、機内では何ひとつリサイクルの取り組みが行われていなかったのだ。

そこで、サステナビリティ責任者として新たに採用されたのがソフィア・メンデルソーンだ。彼女は社内の全部門のマネジャーと連携を探りつつ、IR担当部門とも情報交換し、会社の置かれた状況の全体像をつかもうとした。彼女は手始めに小規模なプロジェクトをいくつか立ち上げた。例えば、エンジン洗浄に使う水の量を減らすとか、機内をペーパーレスにするとかいったことだ。こうして素早く成功例を積み重ねることで、新しい動きを全社に知らせると同時に、賛同を募る狙いもあった。

次に彼女は大きな動きに出た。会社の中核事業をサステナビリティ目標と結び付けるため、再生可能なジェット燃料の調達としては過去最大の契約を長期で結んだのである（しかも従来型ジェット燃料とコスト面でも遜色ない価格で）。これにより、二酸化炭素排出量を減らすと同時に、同社最大のコスト項目の変動幅を減らすことにもなった。

メンデルソーンが行ったように、サステナビリティ問題を大きな絵と結び付けることは、その企業を「サステナブル行動の最終段階」へと進ませることになる。それまでは幹部レベルのCSOに権力を集中させてきたが、最終段階に入ると、各種の取り組みを分権化し、組織全体へと戻していくのである。

最初はサステナビリティの担当部署を設立し、社内の取り組みの調整を1人の責任者に任せ、彼なり彼女なりに物事を進める権限を与えることに重点を置くべきだが、その後は180度反転してその構造を解体し、各部署に権限と職責を返還し、中央集権的な意思決定を分散するほうがうまくいく——これはおそらく直感的には理解しにくいだろう。だが、よく考えてみればもっともだとわかる。仮に環境に優しい製品を開発したいと考えるなら、サステナビリティ担当部門にそれをやらせるのではなく、製品開発に関わる部門にそのビジョンを実現してもらう必要がある。仮にサプライチェーン全体の労働環境を改善したいと考えるなら、現場にいない1部門だけにやらせるのではなく、サプライチェーンに関わる全社員に考えてもらう必要がある。

これこそ、多くの企業が苦労する部分であり、有意義なイノベーションが難しい理由でもある。分権化は企業にとって最も厄介な難題の1つで、その理由は、例えば財務部門のトップが普段からESG問題についてよく考えているとは限らないからだ。研究開発部門のトップは地球のニーズを優先することに慣れていないかもしれない。あらゆる部門のトップには、それぞれの優先課題があり、それぞれの専門分野があり、それぞれのToDoリストがある。

ＥＳＧ問題を各自のリストの最優先事項にしてもらう――ＥＳＧ責任者のリストだけでなく、社内のさまざまな部門の責任を負っている人たちみなのリストでも最優先させる――ことは、とてつもない大仕事であり、結局は企業文化と信頼に行き着く。重要事項の権限委任は、信頼感の低い職場環境では起こり得ない。裏切りや欺瞞に満ちた企業文化でも起こり得ない。これは、有意義なパーパスが組織全体に浸透することによって生じる副産物なのだ。そして、そのような進歩こそが本物の競争優位につながっていく。競争優位は、簡単に真似できないことからしか生まれない。それを巧みに行える会社が、素晴らしい会社になるのだ。

❺――投資家と全世界へ向けた情報発信

パズルの最後のピースはコミュニケーションだ。

前述のようなサステナビリティのプラス効果は、結果が出るまでに長い時間がかかる場合もある。抜本的な変革の結果が見えてくるまで数年、下手をすると数十年かかることさえある。短期業績を重視し、四半期ごとの決算報告を歓迎するような今の環境を考えると、これは大きな課題となる。長い時間をかけて繁栄するサステナブルな組織を育てると心に決めたCEOたちは、短期主義に負けない耐久力が必要だ。そのための最も簡単な方法は、単刀直入に長期目標について語るというやり方だ。だが、実際にそうしている企業はほとんどないことが私の研究で判明している。多くの企業は〝四半期資本主義〟への懸念を表明しているというのに――。彼らは投資家に対し、自社が長期的な観点からサステナビリティへ投資したと理解してもらう必要がある。

企業は、投資家および彼らの要求に対して影響を与えることができる。議論の方向性を主導し、長期的視野を持つ投資家を味方に引き入れることができる。アイルランドのバイオテクノロジー企業シャイアーはまさにそれを行い、結果として2019年の武田薬品工業による買収に至った。シャイアーはESG問題を自社戦略に組み入れ、報告書にも記載したことで、長期保有専門の機関投資家による株式保有比率が高まった。そしてついに、長期的思考に抵抗したであろう短期保有の株主より、長期保有の株主のほうが多くなったのである。

企業は投資家と関係を構築し、信頼を得る必要がある。だが、まったくこれができていない企業が多い。一般的な理念をいくつか述べて、情報開示はそれで十分だと思っている。それでは役に立たないのだ。たまに発表する細切れの情報開示でなく、継続的なコミュニケーションと進化していく考え方、そして包括的かつ透明性の高い報告書こそが大事である。電気自動車のテスラや代替ミルクのオートリーのように、既存市場で創造的破壊をしている企業には紆余曲折が付き物だ。うまくいかなかったり、予想より時間がかかったりすることもあるだろう。なぜ他社と違うやり方をしているのか、なぜ最後には競争優位が得られると信じるのか、そこをきちんと説明することは投資家（およびメディア、顧客、社員）の賛同と支援を維持するために不可欠である。

本書では、既存のさまざまなコミュニケーションツールについて触れてきた。SASBのような会計基準の導入、マテリアルな問題を伝えること、総合報告とインパクト加重会計への移行、こうした問題に本気であることをそれとなく示す方法――。もちろん情報開示は首尾一貫して漏れのないものでなければならない。いい話だけを選んで伝え、悪い話はお茶を濁すようではダメだ。他の企業とどこが違うのか判断できないような情報開示もダメだ。情報開示で大事な点は、どこで進歩したかを示すことと、他社との違いを浮き彫りにすることだ。

ジェットブルーのメンデルソーンは、社内で進めてきた自分の取り組みがうまくいったと確信すると、さらに変化を加速させるため、サステナビリティ報告書の拡充やSASB基準への自発的移行、航空業界に特有のマテリアル要因の導入に着手した。同社は燃料効率を高めて環境への悪影響を減らすため、航空業界で初めて機体に翼端小翼（ウィングレットまたはシャークレットとも呼ばれる）を取り付けた。彼女はさらに、再生可能ジェット燃料への移行にも手をつけ、社員研修で問題意識を浸透させた。さらにジェットブルーは航空業界で初めて、気候変動に関する財務報告を行う企業になると公約した。同社はわずか数年で、自社の取り組みとそれを世に伝える方法の両面において、完全な改革を成し遂げたのである。

私は「企業パーパスのための最高責任者」（CECP：Chief Executives for Corporate Purpose）という組織と協力し、CEOが自社の長期計画やESG問題の組み込みを世に伝える戦略を練る手助けをしている。わずか2年の間に、ユナイテッド・パーセル・サービス（UPS）やIBM、エトナなど大企業のリーダー40人超がこの仕組みを利用し、なぜ自社の戦略が長期的に競争優位をもたらし、社会に途方もない価値を生み出すかを投資家――その運用資産は25兆ドルを超える――に伝えてきた。結局のところ、情報公開で大事なのは、ただデータを出すだけでなく、利用できるあらゆる経路を使って積極的にメッセージを拡散することなのだ。CECPが提供する評価手法や報告用ツールは手始めとしては役立つ。だが、メッセージを伝えていくには自社の行動すべてをそこに注ぎ込まなければならない。

最高のケースでは、自社の社会的位置づけを変えることも可能だ。Bコープ認証を取得したり、パブリック・ベネフィット・コーポレーション（PBC）になったりすれば、投資家や顧客、社員、その他の関係者に向け、自社がこうした問題を重視しており、事業上の意思決定の際にも見えないところで大きな要因になっていることを、はっきり伝えることができる。

卵やバターなどの食品を〝倫理的に〟生産するバイタル・ファームズは、パズルのピースをすべて揃えた企業の一例だ。同社のパーパス――「倫理的に生産された食べ物を食卓へ」――は同社の行動すべてに表れている。ウェブサイト上にその文言が鮮やかに躍るだけでなく、動物愛護から社員、顧客、気候変動、そして全世界に関するメッセージが伝えられる。バイタル・ファームズは2009年にテキサス州で創業され、2017年にPBCになった。「すべての雌鶏は人道的な扱いを受けています」と同社はサイトで宣言している。「すべてのヒヨコは牧草地で孵化してそこで育ちます。我々は今後も自社（と業界全体）の倫理基準を高めていき、利益よりも倫理を優先するという（創業者の）マット・オヘアの誓いを守り続けます（注2）」

私とマット・オヘアは2020年に同じイベントで登壇したことがある。そのときに彼は私にこう話した。「我々の製品は社会にとって良いだけでなく、味もいい。だからみんなに愛されているよ」。この2つの長所の組み合わせこそが成功の秘訣だったのだ。バイタル・ファームズはわずか数年で小さな農企業から時価総額10億ドルを超える企業へと成長した。

どれほど小さい企業でも、こうした問題を優先事項に設定し、戦略の骨子を多方面に伝えることはできる。PBCのバーラップ・アンド・バレルの場合、フルタイムで働く社員はわずか3人だ。単一産地のシナモンやナツメグ、唐辛子といった料理用スパイスを世界中に届けることが同社のミッションである。一般に、ほとんどのスパイスには長く複雑なサプライチェーンがあり、多数の国の多数の農家がつくったスパイスが混ぜ合わされることになるので、最高級品も標準以下のスパイスで水増しされる。また、倉庫から倉庫へと輸送を繰り返し、最終的に食料品店に届くまでに時には20カ所も経由することさえあるので、スパイスは古くなってしまう。同社はこのサプライチェーンを劇的に短くした。提携農場と直接取引し、採れたてのスパイスをそのまま顧客に届けるのだ。中間業者を除外したことで、同社は提携農場に一般的な価格の2倍から10倍もの買い値を払うことができ、しかも消費者は高品質な本物のスパイスを従来とあまり変わらない値段で入手できるようになった。

同社は社会的インパクト報告書を毎年発行し、世界中にある提携農場にどのように自社が役立っているかを伝えている。同社のおかげで提携農場はスパイスを商品市場で売るよりも多くの収入を得られるようになり、また同社と協力してなるべくサプライチェーンの多くの部分を自分たちでこなす（例えば、輸出に向けたスパイスの洗浄・分類・乾燥を自ら行う）ようになった結果、どの作物をどのように育てるかを提携農場が自ら決められる力が大幅に増した。バーラップ・アンド・バレルはグアテマラの提携農家、ドン・アミルカ・ペレイラの半生を紹介している。カルダモン（香辛料）の摘み手から身を起こし、グアテマラで唯一の垂直統合されたカルダモン農場の所有者となった人物だ。彼は独自のスパイスを育て、乾燥させ、輸送・梱包する。農家であると同時に、地域社会に貢献する本格的な起業家となったのである。

しかも、この話の主役は社会的インパクトではない。「社会的インパクトに関する部分はオマケです。より重要なのは、消費者がはるかに風味豊かな食材を入手できるようにするため、その社会的インパクトをどのように利用できるかという点です」とバーラップ・アンド・バレルの共同創業者オーリ・ゾハーは語る。（注3）同社に関してとりわけ興味深いのは、社会的使命によって顧客とのコミュニケーションだけでなく提携農場とのそれも変化したこと、そしてそれが翻って商品の品質向上をもたらしたことだ。

「普通、農家は自分の育てたスパイスを誰が、どのように消費しているのかまったく見えません」とゾハー。「でもそれは、彼らが育てる作物の中身にとても大きな影響を与える可能性があるのです。我々は、彼らの商品をいっそう美味しくするために必要な情報を提供しています」(注4)。ゾハーによれば、農産物市場ではスパイスは色と大きさに応じて等級が決まることが一般的だという。だが、色や大きさは風味にほとんど関係ないだろう。ペレイラはずっと、大きくて緑色をしたカルダモンのさやを市場に売っていた。そのようなさやしか市場では需要がなかったのだ。だが、バーラップ・アンド・バレルと直接取引をするようになって、彼らはもっと熟したカルダモンを扱うようになった。さやの色は黄色で、果実や花の香りがし、より甘い風味を持つ。中間業者の買い手は関心を持たないかもしれないが、消費者にとっては興味深いスパイスである。

さらにペレイラは、バーラップ・アンド・バレルに働きかけて別の作物も買い付けてもらうことに成功した。天日干しした黒ライムで、中東では一般的だが米国ではあまり見ないスパイスだ。世間で地中海料理や中東料理への関心が高まっていることが追い風となり、黒ライムは米国でも家庭料理向けのヒット商品となった。バーラップ・アンド・バレルの扱うスパイスの中でも、上位5位に入るほどの人気ぶりだ。同社が提携農場と直接関係を築いていなかったら、提携相手がそのようなスパイスをつくっていることさえ知らなかっただろうし、顧客は黒ライムを買えなかっただろうし、ペレイラは大きな収入源を失っていたことだろう。社会的使命から始まったことが、結果的にはさまざまな形で事業を加速させたのだ。

成功時に得られるもの

すべてのピースを揃えると、結果は前に述べた数字になる。すなわち、サステナビリティで差をつける方法を見つけた企業は、競合他社より年3％以上も優れた株式リターンを達成できる。簡単なことではない。だが、戦略と結果責任、企業文化、業務運営、そして効果的な情報伝達の全部を合わせた取り組みにより、大企業でも零細企業でも、「パーパスと利益が調和して両立するニューアラインメント」の恩恵を手に入れ、業界の先導役になると同時に世界に貢献できるようになる。

次の第6章では、こうした取り組みをもっと大きな文脈の中で考えるための方法を解説する。この「3％」はどこからやって来るのか？　どうすればそれを得られるのか？　換言すれば、うまくいくサステナビリティへの取り組みの成功要因は何か、ということだ。私は成功企業の事例から、つかむべきチャンスの6つの類型を見つけ出した。我々が次に向かうべき場所はそこだ。

第6章 価値創造の6パターン

本書ではさまざまな企業の実例を紹介してきた。その共通項に気づいた読者もいるだろう。新しいビジネスモデルへ移行中の企業、新規事業を立ち上げ中の企業、社会からの要求と期待の進化に合わせるため、社内の業務プロセスを変更中の企業——。これらは散発的でその場限りの取り組みではない。こうした取り組みを系統だてて行うためのやり方がいくつかある。それは、企業トップや投資家に地図を示し、企業が見つけた「パーパスと利益の両立」を勝ち取るための道順を示すやり方である。

本章では以下、企業が価値を創造する方法について、私が分類した6つの類型について解説する。この6タイプは、企業が利益をあげながら善行を行う方法の、全部ではないにしてもほぼ大半を占める。うまくいっている企業はこの6タイプを追求することで成功したのである。

❶**新モデルと新市場**：環境問題や社会的に懸念される問題に関わる新製品・新機軸によって収益が増えるケース。新市場の開拓を狙う場合が多く、その市場を開拓した企業がその新機軸の象徴となることもある。

❷**ビジネスの変革**：環境・社会問題と調和していない従来型ビジネスを、別種の製品・サービスへと変革するケース。その結果として、はるかに調和するようになる。

❸**専業によるニューアラインメント**：環境や社会への配慮からじかに生まれたビジネスモデルに基づき、まったく新しい事業を立ち上げ、それを専業とするケース。

❹**製品代替**：既存の製品ながら、世界的な環境問題や社会問題という大きな観点で、その製品の特徴が急に脚光を浴び、競合より優位になるケース。

❺**業務運営の効率性**：ＥＳＧを重視した業務運営の新機軸により、環境に対する負荷が減少したり、社員の生産性が上がったりといった効果が生まれ、経費削減につながり、結果として資本利益率が向上するケース。

❻**価値認知**：業界でＥＳＧ問題の先導役を務める企業の背後から表舞台に登場し、リーダー企業が獲得した市場の評価倍率（マルチプル）を利用し、自社の企業評価を高めるケース。

図表6-1｜6タイプごとの価値創造の潜在力と実行リスク

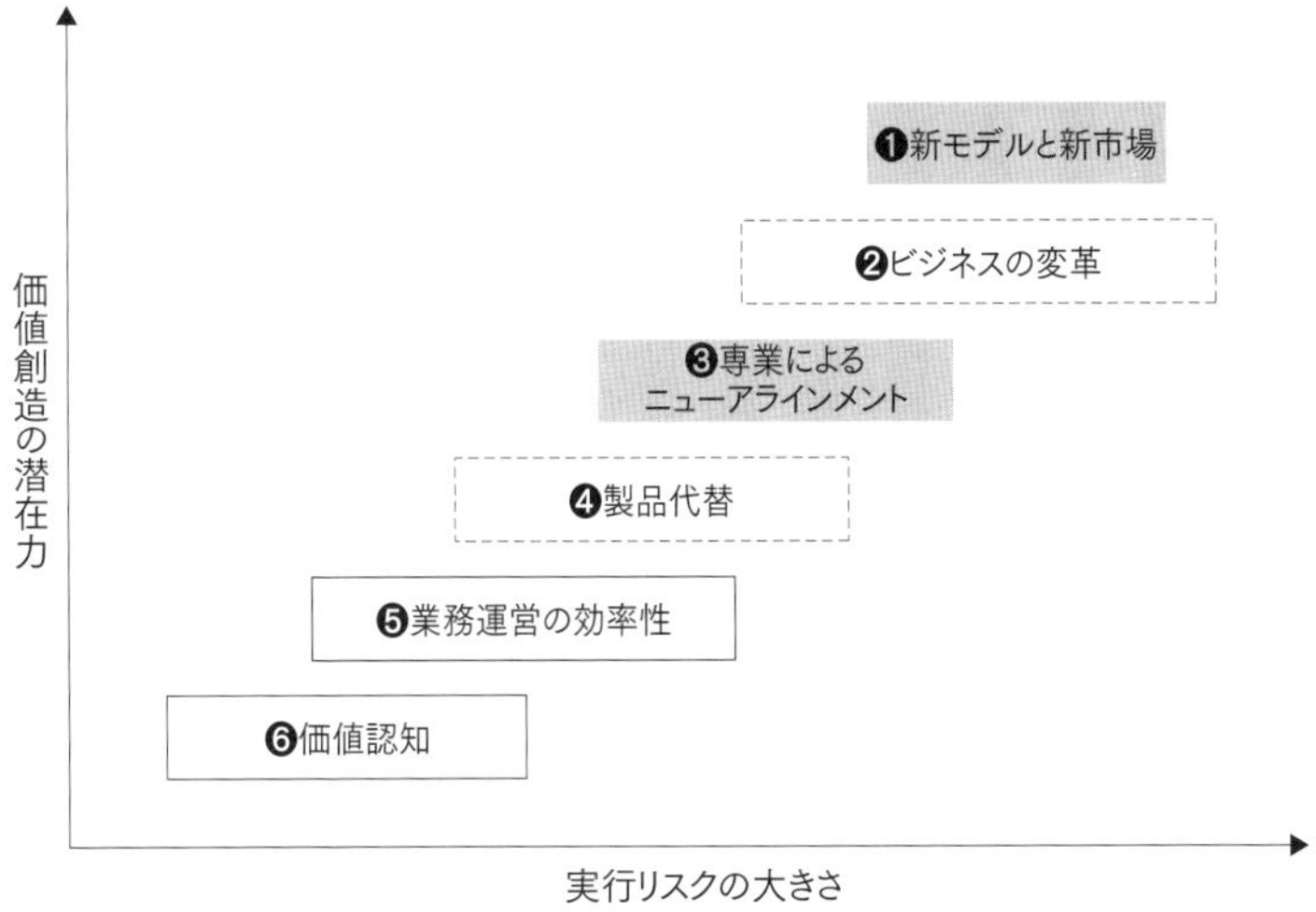

失敗するリスクや既存業界に対する破壊度は、上記6つのタイプですべて同じわけではない。①〜③は、巨大な成功をもたらす可能性もあるが、リスクもかなり大きい。④〜⑥は、画期的な大成功をもたらす可能性は低いものの、リスクを低く抑えながらそれなりの企業価値増加をもたらす方法だ。図表6-1を見てほしい。Y軸は価値創造の潜在力を表し、X軸は実行リスクの大きさを表す。

グラフ上には上記の6タイプが配置されている。背景が薄い灰色になっている2つのタイプは、原則的に新規参入であり、起業に近い大変さがあることを示している（とはいえ、旧来型企業が新市場を生み出したり、専業部門を育てたり、専業他社を買収するケースも存在する)。破線で囲まれた2つのタイプは、旧来型の既存企業に向いたビジネスチャンスを示す。残る2つのタイプは、既存企業と新興企業の両方に向いている。

言うまでもないが、同じタイプに属する事例であっても、価値創造の潜在力と実行リスクの大きさは、それぞれ個別事例ごとに異なる。例えば、「専業によるニューアラインメント」に属する事例のうち、ある事例は他の事例と比べて価値創造の潜在力も実行時のリスクもかなり大きく、価値創造の潜在力に至っては「ビジネスの変革」の事例より大きい、ということも普通に起き得る。換言すれば、価値創造の潜在力と実行リスクの大きさは、各タイプの枠を超えて入り交じっている。

以下、6タイプが実際にどのように行われているか、タイプごとにケーススタディを行う。実行時の参考にしてほしい。

❶ 新モデルと新市場：未来を見据える

企業が行う事業の中には、そのミッションが社会のトレンドと合致しており、新しい顧客市場を獲得できるのであれば、今は価値を生み出せない事業があってもいい。「新モデ

ル と新市場」タイプが向いている企業は、その環境問題や社会問題へのインパクトが極めて強いゆえに、自社の提供する製品・サービスを指す代名詞として社名が使われるほどになり、それが成長力の源泉となるような企業だ。

アパレル業界は、必ずしも社会的目標に協調しなければならない業種ではないが、アウトドア衣料ブランドのパタゴニアは環境保護に本気で取り組んでいる。自動車業界は、大気汚染や環境への悪影響との関連で苦労しているが、テスラはゼロエミッション（排気ガスの出ない）の乗り物で新しい顧客を開拓した。メガネ小売業のワービー・パーカーは、何十年もイノベーションの空白地帯だった業界において、メガネの恩恵を十分に受けられないでいる人々にメガネを提供し、その取り組みを事業のカギとしたことにより、メガネが社会にもたらす恩恵を知らしめた。

ワービー・パーカーの場合、メガネ産業そのものにはサステナビリティを避けて通れないような特別な特徴がないのに、あえて社会的使命を利益の推進役にする道を選んだ。その選択の結果、こうした問題に関心を持つ新しい顧客層を開拓できた。その過程で同社は新しい市場を見つけ、それが同社の名前とブランドを世界中に広げる一助となった。メガネが1つ売れるたびに、同社はメガネを1つ、それを必要とする人に届ける。これは決して慈善事業ではない、とワービー・パーカーは考えている。「我々が行っている社会的使命への投資は、長期で見れば、信じられないほど高い投資利益率になるとみています」――同社の共同創業者で共同CEOであるデイブ・ギルボアはフォーブス誌にそう語っている。(注1)

同社にとってこの取り組みはたんなる寄付ではなく、より深い参画（インボルブメント）に関わる話なのだ。この取り組みは多方面で同社の成長を後押ししている。例えば、同社は多数の社員を発展途上国に送り込み、現地でメガネの配布に協力している提携NPOと一緒に仕事をさせている。社員は、自社が発展途上国の地域社会に与える影響をじかに体験できる。ギルボアは、同社の社会的使命が競争優位を生む差別化要因になっていると確信している。社員や顧客がワービー・パーカーを大切に感じてくれるからだ。これは、会社のパーパスを顧客や社員の願いと一致させるという、第2章で触れたトレンドとまさに同じである。社会の意識が変わったことで、こうした取り組みはワービー・パーカーのような企業が顧客ロイヤルティを高めて長期のファンを育てる1つの手段になった。

ユニリーバが本気で自社ブランドと自社製品をより健康的にしようと取り組んでいることは前に述べた。ワービー・パーカーの取り組みも同じ範疇に属する話だ。ある会社の1つの事業が「パーパスと利益の両立」を後押しする。会社はその事業を利用して知名度を上げ、マーケットリーダーになるのである。

❷――ビジネスの変革：サステナブルな変化に注力する

新たな環境問題や社会問題に直面し、事業を全面的に変革せざるを得ないと感じている企業は多い。だが残念ながら、ハーバード・ビジネス・スクール教授のレベッカ・ヘンダーソンが詳細に記したように、そのような企業の変革がうまくいくことは滅多にない。アナログ写真からデジタルへの適応に失敗したコダックや、携帯電話からスマートフォンへという流れに乗れなかったノキアの例を思い出してほしい。最近でいえば、多くの旧来型自動車メーカーが、内燃エンジン車から電気自動車へ、そして車というモノの販売から移動というサービスの販売へ、という変化に適応しようと苦しんでいる。

企業が全面的な変革を実行しようとすると、数多くの障害が待ち受けている。新規の大型投資の必要性、社員の再訓練の難しさ、社風の問題、変化への組織的抵抗――今の事業の成功をもたらした競争優位の源泉が、変革後の新事業では失われる、ということもあり得る。だが、少数とはいえ変革に成功した企業は、とてつもない恩恵を得られる可能性がある。

緑豊かで清々しい大地と青々とした海、そして輝く青空に羽根を回転させる風車――

この美しいビデオ映像は、フィンランドのエネルギー企業ネステがつくったものだ。映像を見ただけなら、同社がつい最近まで石油の精製とマーケティングを中核事業にしていたとは想像もつかないだろう。もしあなたが２００８年にドイツ北東部にいて、デンマークのエネルギー企業ドン・エナジーが巨大な石炭火力発電所を建設しようと奮闘する様を見ていたとしたら、その後わずか10年余りでこの同じ企業が海上風力発電の世界的リーダーになり、社名もオーステッドに変えてまったく別の事業を行うことになるなど信じられなかっただろう。

ネステもオーステッドも、「エネルギーの未来はクリーンでなければならない」と信じている。ネステは再生可能なディーゼル燃料とジェット燃料の世界最大の生産者となった。２０３５年までにカーボンニュートラルを達成すると宣言しており、そのために炭素を何度も繰り返し再利用する〝画期的な循環ソリューション〟と同社が呼ぶ技術に注力している。こうしてネステは、カナダの調査会社コーポレートナイツが選ぶ「世界で最もサステナブルな企業１００社」２０２１年版で第４位にランクされた。４年連続で４位以内に入っている。(注2)

この２０２１年のランキングでネステの2ランク上の2位、そして前年は1位だったのがオーステッドだ。まだドン・エナジーという社名だった２００９年、同社の生み出す熱と電力の85%は石炭を使っていた。その2009年に同社が掲げた目標は、2040年までにこの比率を逆転し、85%を再生可能な燃料から生み出すというものだった。驚くべきことに、同社はこの目標を予定より21年も早く達成してしまった。2019年に、同社のエネルギーの86%が再生可能な燃料から生み出されていると発表したのだ。現在オーステッドは世界最大の海上風力発電量を誇る。

オーステッドのこうした変革のきっかけとなったのは、ドイツで新しい石炭火力発電所を建設するという計画が反対運動でつぶれたことだった。「あれは、世界がこれまでと違う方向に動き始めていることを、初めて我々にはっきりと教えてくれた出来事でした」――オーステッドの海上風力発電事業でCEOを務めるマーティン・ニューバートは2020年、マッキンゼー・アンド・カンパニーに対してそう語っている。(注3)

「将来の当社の成長分野はどこがふさわしいのか、議論をしました」とニューバート。「生き残りに必要なシェアを取れる分野、我々の能力が活かせる分野、そして差別化ができる分野――答えの1つは明らかに風力発電でした。2006年に6社が合併してドン・エナジーになったのですが、そのうち3社が当時から風力発電を進めていたからです」(注4)

こうして彼らは事業を方向転換した。再生可能エネルギーのプロジェクトに50人を超える社員を充て、従来型の事業を守りたいという社内の抵抗を乗り越えるのに大変な労力を割いた。ニューバートは、当時の社員が石炭では世界一の会社であることを誇りに思い、それを変えたくないと思っていた様子を詳しく語っている。その後、米国でガスの価格が急落し、会社の財務状況が変わり、急に風力発電への転換を受け入れやすくなった。

オーステッドは現在、石油・ガス事業からの脱却を終え、2023年には石炭からも足を洗うことになっている。2025年にはカーボンニュートラルになる予定で、今はサステナビリティをより多く取り入れる方法を模索中だ。「新たな地平線に目を凝らし、新しい事業分野を見つけることは、当社の戦略に不可欠です」とニューバートは断言する。(注5)

今までのところ、オーステッドの変革は同社の株主に大きな利益をもたらしている。2021年3月までの5年間、大半のエネルギー株がマイナスリターンになる中、オーステッドの株価は300%以上も上昇した。ネステの株価は400%近い上昇だ。いずれも圧倒的な勝利である。

チャンスの多くは、この「ビジネスの変革」カテゴリーに分類できる。既存企業が新しい戦略的ビジョンを策定し、それを自分たちの本物の能力と結び付けることで、急浮上してきた環境問題・社会問題と調和する新たな成長分野へと製品・サービスを大転換させるのだ。この「ビジネスの変革」タイプは6つの中でリスクが最も大きいが、同時に巨大な成功をもたらす最大のチャンスでもある。

❸ 専業によるニューアラインメント：新天地を征服する

企業によっては、新しい分野に向けて変革するような既存事業がなく、その代わりに、環境・社会問題との調和からまったく新しい事業が生まれる場合もある。そうした事業は、以前なら意味がなかったであろうビジネスモデルによって成立する。その一例が、衛星写真を解析して荒れた農地を見つける高度な人工知能技術を開発したメキシコ企業のカルティボだ。

電気工学の博士号を持つマヌエル・ピニュエラが創業したカルティボは、例えば土壌再生などできちんと手をかければ生産性が格段に上がるであろう農地を、正確に見つけ出せる。この土壌再生を行うと二酸化炭素の吸収量が増し、排出量との相殺（カーボンオフセット）ができるため、カルティボはカーボンフットプリント（企業活動による二酸化炭素排出量の記録）をコントロールしたい企業にこのカーボンオフセットの権利を売っている。この取引から生まれる現金のほとんどは小規模農家のものになる。彼らの土地を生産的にするためにカルティボが投資することで、小規模農家が儲かる仕組みなのだ。カーボンオフセットは彼らの新しい収入源になる。農家、カルティボ、地球にとってウィン・ウィンの関係である。

マヌエルは、今後5年間の目標として、10億ドルを使って最低でも3500ヘクタールの土地を再生する、と私に話した。そのため、森林や草原、湿地、再生型農地などに関する多様なプロジェクトに資金を投入するつもりだという。野心的な目標だが、同時に大きなチャンスの眠る分野でもある。極度の貧困状態にある人は全世界で7億人近いが、そのうちの相当数が小規模農家である。彼らに新しい収入源をもたらすのは、貧困軽減と大勢の人々の生活改善に役立つ素晴らしい方法になる。

加えて、気候変動による最悪の結果を避けるためには、今世紀半ばまでに地球全体でネットゼロエミッション（温室効果ガス排出量が差し引きゼロの状態）を達成する必要がある。そのためには排出量をマイナスにする手段、すなわち我々が大気中に排出する二酸化炭素よりも多くを吸収する必要がある。二酸化炭素の固定・貯蔵などテクノロジーを利用する手段もあるし、森林保全や土壌の吸収能力回復など自然を利用する手段もある。多くの企業が、テクノロジーを使う手段でイノベーションを起こそうと挑戦してきた。カルティボは、自然を利用するやり方でイノベーションを起こすためにテクノロジーを使っている。

自然を利用するタイプのソリューションは、2030年に向けた二酸化炭素排出量の削減目標を最低でも30％担える可能性を秘めている、とマヌエルは考えている。それなのに、二酸化炭素吸収に振り向けられる全資金のうち、自然利用型ソリューションに使われているのはわずか3％程度である。カルティボの使命は、この資金ギャップを埋めて、自然の再生と人々の生活防衛と健全な投資リターンを実現できるこのチャンスに投資資金を呼び込むことである。同社はすでにメキシコ北部でそれを実現した。草原を使ったカーボンオフセットをアエロメヒコ航空に売り、投資家にかなりのリターンをもたらしたのだ。

似たような分野でもう1つの実例となるのが、パブリック・ベネフィット・コーポレーション（PBC）のアップハーベストだ。同社の好む言い方をすれば、農家と未来派の人々をつなぐ仕事をしている。アップハーベストの技術を使うと、屋内農場は〝少量でより多く〟を生産できる。すなわち、従来型農業と比べて水の使用量を90％減らしたうえに化学肥料はいっさい使わず、収穫量は30倍にもなる。しかも年間を通して収穫できるため、毎月収入が発生する。2021年に同社が株式公開すると、まだアーリーステージの会社であるにもかかわらず、時価総額は10億ドルを超えた。

この「専業によるニューアラインメント」タイプの企業を創業し、経営を維持していくには、初志貫徹の頑固さが必要だ。時には、創業精神やミッションを曲げないために経済的利益を犠牲にすることも必要になろう。会社のミッションを忘れると、ブランドと製品・サービスとのつながりが根拠を失い、会社の中核となっている競争優位が破壊されることになりかねない。また〝専業〟だからこそ、環境や社会と調和しない既存事業の負の遺産に悩まされることなく、本業に専念できるのもメリットだ。

❹ 製品代替：既存製品に取って代わる

自社の製品や事業を変える必要がないケースも時にはある。環境や社会問題についての心配事が変化した結果、特定の製品・サービスの特徴がそれまでより魅力的になったり、逆に魅力を失ったりすることがあるからだ。ただしその場合でも、会社として何もしなくていいわけではない。チャンスが見えたとき、新しく台頭してきた環境問題や社会問題のトレンドと調和していくためのイノベーションを続けることは極めて重要だ。

1880年創業のボール・コーポレーションは、最初はガラスの製造業者だったが、次第に多角化を進め、現在の中核事業はリサイクル可能な飲料用アルミ缶の世界有数の製造業者である（ボールのブランドは今でも一般消費者によく知られている。家庭向けの瓶詰め用製品、特にガラス瓶で有名だからだ。しかし実際には1993年にボールはその事業を売却済みで、〝ボール〟ブランドは買い手の会社にライセンス供与されている）。飲料用アルミ缶は19

60年代から使われているが、使用量は増えたり減ったりを繰り返してきた。1990年代になると、多くのソフトドリンクがペットボトルへ移行し、またクラフトビールの台頭でガラス瓶の利用が増えたこともあり、アルミ缶の需要は落ち込んだ。(注6) だが最近はペットボトル汚染が広く知られるようになり、アルミ缶の利用が復活する動きも出ている。

使い捨てのペットボトルは自然分解されるのに最長で400年もかかる。ペットボトルを含めて毎年800万トンのプラスチックごみが世界中で海洋投棄されている（これを世界中の海岸線に集めれば、海岸線1フィート当たり5袋のプラスチックごみが重なる計算になる）。(注7) 魚や海鳥、その他の海洋生物の間には、プラスチックごみで窒息したり、体内に摂取して健康を損なったりする被害が広がっている。海洋投棄されたプラスチックは破断されて極小のマイクロプラスチックになり、回収も不可能になる。最近になってこの事実が広く知れ渡ると、ペットボトルの利用をやめてアルミ缶へ回帰する動きが生まれた。アルミ缶は比較的低コストで無限にリサイクルできるからだ（アルミニウムの製造に必要なボーキサイトの採掘過程は二酸化炭素を大量に排出するが、アルミニウムをリサイクルする循環モデルの事業を生み出せば、全体としては極めて環境に優しい結果になる）。

こうした変化により、ボールのような斜陽産業に属する企業が息を吹き返すことになった。最近は市場投入される新しい飲料の70％がアルミ缶を使っている。ほんの数年前には

30％だったのだから急拡大だ。とりわけ、急成長中のセルツァー（炭酸水）やハードセルツァー（アルコール入り炭酸水）製品でこの傾向が顕著だ。こうしてボールはいきなりESGの先進企業だと見なされるようになった。中核事業は以前と何も変わっていないのに。

とはいえ、自社の事業が社会的責任を果たしていると急に見なされるようになったからといって、その幸運に流されるままではいけない。２０１１年、マサチューセッツ大学アマースト校の政治経済研究所が発表する「有害企業１００社」（Toxic 100）で、ボールは米国の大気汚染の原因となる企業１００社の１つとして名指しされた。(注8)それ以降、同社はかつてないほど本気でサステナビリティに取り組んできた。２０３０年までに二酸化炭素排出量を55％削減すると公約し、缶の製造業者としては初めて科学に基づく削減目標を掲げた。(注9)同社は２０２２年までに再生可能エネルギーの使用率１００％を達成する見込みで、フォーブス誌が選ぶ「ダイバーシティに貢献する米企業トップ１００社」の1位に選ばれた。今や同社の株はすべてのサステナビリティファンドにとって「必須」になった――ある投資機関のポートフォリオマネジャーは２０２０年に私にそう話した。

もちろん、ボールは〝プラスチック離れ〟の波に受け身で乗っていただけではない。アルミ缶をより軽く、リサイクルしやすく、繰り返し密封できるようにするためのイノベーションに投資し、消費者にとって格段に使いやすくした。その結果、２０２１年3月までの5年間でボールの株価は140%以上も上昇した（その期間、S&P500企業の株価上昇率は88%だった）。

あなたの会社の製品・サービスがいかにサステナブルな特徴を持つか、それを強く世間にアピールする方法を見つけ、その特徴を大事にする方向に会社を動かすことができれば、自社を真のESGリーダーに変革できる――ボールの実例はそれを証明している。競合他社の製品が、新たに注目されるようになった環境問題や社会問題の一因となっており、自社製品がその代替となるのであれば、「製品代替」タイプはすべての企業に向いている。そのような社会の変化を戦略的に利用し、収益増加と事業拡大を実現できる。

❺――業務運営の効率性：既存の価値をさらに高める

このタイプはおそらく他と比べて面白味に欠けるが、大半の企業にとって適用範囲が広くて使いやすいソリューションとなる。必ずしも本業を根本的に変える必要はなく、今よりも効率的に業務運営をする方法を見つければいいのだ。その効率性改善が、ちょうど社会で起きつつある環境面や社会面の変化とうまく合致するなら、なおさら向いている。環境問題や社会問題への取り組みは、資金の節約になり、会社の効率性と生産性を向上させる――20年前に世界最大級の先端材料企業が学んだこの事実を、今、何万社もの企業が学びつつある。

第5章で化学メーカーの巨人ダウについて触れた。私が最も感銘を受けたのは、極めて重要で意義深い環境・安全・健康面の目標に向かって進みつつ、同時に劇的な効率性向上を実現した同社の能力だ。しかも、環境汚染と事故を繰り返してきた歴史を持ち、〝厄介な〟産業として有名な化学業界でそれを実現したのだ。(注10)

その目標を達成するため、１９９６年から２００５年にかけて10億ドルの投資が必要だった。だが、結果的に投資額の5倍を超える総合的な価値を生み出した。同社の野心的な目標により、１万３０００件の負傷事故が回避できただけでなく、その目標がなければ起きたであろう生産過程での（化学薬品の）漏洩事故や流出事故が１万５００件も回避できた。ダウの生み出す固形廃棄物は16億ポンド減り（高さ１メートルまで廃棄物を積み上げたサッカー場およそ４１５個分の量）、水の使用量は１８３０億ポンド減り（米国の17万家庭が１年間に使う量に匹敵）、エネルギー消費量は９０００ＢＴＵ《英熱量》減った（米国の８００万家庭が１年間に使う量に匹敵）。

こうした効率性向上は現在も続いている。２０１５〜２０２５年期の同社の新しい目標に向け、２０２０年ですでに5億ドルのコスト削減を実現している。一例を挙げると、ダウはブラジルで塩水を汲み上げるための掘削をしているが、そのせいで土手が不安定で危険な状態になる。これを掘削前の状態に完全に戻す、あるいは鉄とコンクリートで固める昔ながらの〝装甲方式〟と呼ばれるやり方をやめ、現地にある石と植物を使って土手を補強するやり方に変えた。この〝生きた壁〟を利用することで、ダウは以前のやり方と比べてコストを削減でき、しかも二酸化炭素排出量を90％減らすと同時に現地の森林への悪影響も減らすことができた。

ダウは本業を根本的に変革してこれを達成したわけではない。ミッションを修正し、目標を設定し、改善に改善を重ねて効率性を高めていったところ、それがいつの間にか何十億ドルの規模に達していたのである。

❻――価値認知：市場の先を行く

最後の「価値認知」タイプは、環境や社会と調和することで価値を創造しているものの、その価値を自社の時価総額に反映させる手段をまだ見つけていない企業に向いている。このタイプの〝隠れた価値〟はとりわけ投資家にとって重要だ。他の人々が気づく前にそのような企業を見つけ、いずれ〝隠れた価値〟が広く知れ渡って企業価値が何倍にもなれば、巨大な利益が得られるように先に手を打っておくのだ。

投資の観点から企業の金銭的価値を考えることの重要性については次の第7章で掘り下げる予定だが、企業価値の向上は、投資家に富をもたらすという効果（なお、我々はみな年金運用を通した投資家である）に加えて、もう1つ大事な効果がある。株式報酬制度や社員持ち株制度などを広く社員向けに導入しているなら、会社の価値が上がることで多くの社員が金銭的に豊かになるのだ。さらに、市場で企業価値が高まれば、有利な条件で資金調達したり、高価な自社株を買収資金に充てたりできるので、会社の規模拡大や世の中への貢献をさらに進めるための資金として自社株を使える。

ここで、うってつけの例としてネクステラ・エナジーとAESという2つの電力会社を取り上げる。両社とも長い時間をかけて、再生可能エネルギーによる発電の比率を高めてきた。これは、二酸化炭素排出への課徴金を値上げされるという規制リスクへの防衛策になると同時に、新しく、よりサステナブルな製品・サービスを育てることにもつながっている。

ネクステラは、事業をよりサステナブルな方向に変えていく過程で大きな注目を集め、投資家から大人気の銘柄となった。英フィナンシャル・タイムズ紙はネクステラを世界最大のクリーン・エナジー・グループと表現し、同社の時価総額がエネルギー業界の巨人エクソンモービルを抜いたときには各種メディアが大きく報道したものだ。(注11) これとは対照的に、AESの取り組みについては長いことほとんど報道されなかった。おそらく企業規模が小さかったからだろう。だが、AESはもともとバッテリー方式のエネルギー貯蓄では世界有数の企業であり、最近は太陽光発電のデベロッパーとして世界第5位になっている。(注12)

2016年から2020年初頭まで、この2社の株価はほとんど同じ動きをしていた。ところが2020年も半ばになる頃には、ネクステラの時価総額が営業利益の30倍に達したのに対し、AESの時価総額は営業利益の4倍でしかなかった。両社が極めて似通った事業をしていることを考えれば、これはとてつもない格差である。その後、2020年半ばから年末にかけ、市場がやっとAESの取り組みの価値に気づくと、同社の株価は100%を超えて跳ね上がった。ちなみに同時期のネクステラ株の上昇率は30%だった。

AESの時価総額と企業価値評価がこのように急上昇した理由は、「価値創造の6パターン」の6つ目「価値認知」によるものだ。もちろん、このようなことが起きるための条件として、その企業の環境・社会との調和が本物であることを発信し、さらに企業の将来リスクの減少か予想以上の高成長のどちらかを市場に伝える必要がある。この種の企業価値上昇が起きる理由は、その企業自体の変化というよりも、市場がやっと気づいたからなのだ。

◉投資家は儲けを求めるだけの観客ではない

「価値創造の6パターン」では、企業の善行が成功への巨大な推進力になり得るという、この新しい環境の中で、各社がどのように価値を生み出していくかのヒントを示した。この6パターンが徐々に姿を現し、そこに秘められた価値創造の潜在力が明らかになるにつれ、投資家はESGに関する情報をどうしたら投資判断に活かせるのか、次第に大きな関心を持つようになってきた。このような投資家の関心の高まりについて、私は2018年、オックスフォード大学のアミール・アメル＝ザデーと共に文章にしている。管理する運用資産にしておよそ31兆ドルもの投資家たちが、ESG問題をリスクと価値創造という極めて重要なレンズを通して注視している、と。

次の第7章で詳しく論じるが、実は投資家は、儲けを求めてスタンドから見ているだけの観客ではなくなっている。投資業界は、企業のニューアラインメントを強化してその傾向をしっかりと維持していくための、重要なプレーヤーでもあるのだ。彼らはこの10年で開発された多数の評価尺度の利用者であり、彼ら投資家がESG問題をどのように理解しているかは極めて重要である。企業が今後もサステナブルな改善の道を歩むよう背中を押し、その取り組みに失敗すれば責任を取らせるよう、中核的な役割を担うのが投資家なのだ。今後も善行に力を入れようと企業に思わせるうえで、投資家はとてつもない力を持っている。

第7章

変化を後押しする投資家の役割

2017年、エクソンモービルの株主総会において、気候変動の規制強化の動きが同社の事業に与える影響を開示するよう株主提案があった。エクソンモービルの取締役会は開示に反対したが、この提案は株主の62・2%の賛成を集めて可決され、同社は開示を余儀なくされた。この出来事は、株主が環境問題を重視しており、地球のためになる行動を取るよう企業に要求することも辞さないとはっきり示した。

興味深いのは、わずか1年前の株主総会でも似たような株主提案があり、そのときは38%しか賛成票を得られず否決されたことだ。当時私は、この株主提案の重要性について小論を書き、エクソンモービルはいずれもっと多くの「物言う株主」に直面することになるだろう、と予測した。そのときの私は、わずか1年後に同様の株主提案が可決されるとまでは思っていなかった。本書を書いている現在、エクソンモービルの株主はさらに先まで進んでいる。

テック業界への投資家として大成功したクリス・ジェームズが立ち上げたファンドのエンジン・ナンバーワンは、エクソンモービルを徹底的に修理・点検しようという株主キャンペーンを先導している。同社のウェブサイト「XOM再活性化」(Reenergize XOM：XOMはエクソンモービルを表す証券コード)は、エクソンモービルを「クリーンエナジーへの投資強化など、成長分野」へと押しやり、「二酸化炭素排出量削減の目標を守らせよう」と株主に促している。(注1)

クリスは私に次のように話した。エクソンモービルは、改革がシェアホルダーとステークホルダーの両者の利益になり得る典型例である。なぜなら、これまで両者とも不利益を被ってきたからだ。同社は大量の二酸化炭素を排出してきたので、過去数年間にわたり株式リターンは大幅なマイナスだった。そこを改革し、クリーンエナジーに方向転換すれば、同社にとっても株主にとっても地球環境にとっても利益となり得る、と。

驚くべきことに、2021年のエクソンモービルの株主総会において、エンジン・ナンバーワンが推薦した候補が3人、取締役に選任された。エクソンモービルの経営陣は彼らに投票しないよう株主に呼びかけたが、株主は応じず、それとは反対の投票行動を取ったのである。

エクソンモービルで起きたことは特殊な出来事ではない。2020年10月には、世界的な消費財メーカー（企業規模で世界50位以内）のプロクター・アンド・ギャンブル（P&G）の株主総会において、同社のサプライチェーンにおける森林伐採に制限をかけるという提案が、取締役会の反対意見（すでに十分に制限しているから、という理由）にもかかわらず、賛成多数で採択された。(注2) この提案をしたのは世界最大の資産運用会社ブラックロックだ。

こうした大企業の実例は、個人や零細企業にとって、または大企業の社員であっても勤め先が地球環境の悪化に関係なさそうな企業の社員にとって、何か直接の関係があるのだろうか――と疑問に思う読者もいるだろう。別に我々みんなが、株主の力で大企業の行動を変えさせるような〝物言う株主〟になるわけではないのだから――。

だが実は、我々みんなが〝物言う株主〟となっているケースが増えているのだ。

我々はほぼ全員、何らかの形で投資家である。積極的に株式市場で個別株を売り買いしていなくても、自分の退職金の積み立てを通してインデックスファンド（指数に連動する投資信託など）に投資していたり、年金を運用する機関投資家を通して投資したりしているはずだ。そして、我々の経済制度において投資家は大きな力を持っている。我々は社会として、各種の社会システムに資本投資する人たちに多くの決定権を与えているのだ。投資家は、公企業の取締役会メンバーを選ぶ権利や、企業の残余利益に関する権利、自分たち投資家の利益になるよう企業を動かす法的権利も持っている。仮に、サステナビリティを意識した行動が企業の長期的繁栄にとって欠かせない大きな要因になってきているとすれば――そうなっていることは私の解説で十分に納得してもらえていると願いたい――投資家は企業をその方向に押しやる権利と義務を持つ。

エクソンモービルやＰ＆Ｇなどの例を見ればわかるように、投資家たちは間違いなくそのように行動している。どうやら我々は、こうした問題を基本的に気にしなかった10年前の世界（エクソンモービルの場合はわずか1年前までその世界にいたかもしれない）から、ウォール街だけでなく多くのプレーヤーがＥＳＧ要因の重要性を理解し、こうした問題を重視して積極的に関わっていこうとする世界へと移行したようである。

私は「気候アクション１００＋」のような取り組みに注目している。これは２０１７年に始まった投資家主導の運動で、温室効果ガスを大量に排出する大企業に気候変動防止行動を取らせることを目的としている。（注３）世界最大級の機関投資家の一部――管理する運用資産にして52兆ドルを超える――が堂々と手を組み、１６７社の大企業に対し、温室効果ガスの排出に関して変化を要求する動きだ。エアバスやＢＰ、コカ・コーラ、そして自動車製造業から鉱業まで対象に含まれる。現在までの成果として、十数社の企業が具体的かつ野心的な排出目標を設定したことを彼らは挙げている。

マクロで見ると、投資家はこうした問題の重要性を認識している。なにしろ巨大な機関投資家は、投資の対象となるこの世界が100年後も間違いなく存在していないと困るのだ。そしてミクロで見ても、すでに述べたように、個々の投資家はこうした問題の重要性を理解している。

本章では、投資家がこうした問題をここまで重視するような世界に、どのようにして我々が到達したのかを説明する。また、あらゆる規模の投資家が企業の財務実績とESG実績との関係を考慮すべき理由についても議論し、世界最大規模の投資家でさえ自分の投資先企業にESG実績の向上を求めていることを示す。本章の最後では、投資業界が今後も企業に対して地球に優しい方向を目指すよう圧力をかけ続けるために、我々一人ひとりに何ができるかについて触れる。

最近明らかになった、投資家が本気であることを示す証拠が図表7－1だ。これは、国連生まれの行動指針「責任投資原則」（PRI）に従うと署名した機関投資家の運用資産額を示すグラフである。2005年にはゼロだったのが、2020年には100兆ドルを超え、世界の運用資産の大半を占めるまでになっている。(注4)

図表7-1｜責任投資原則（PRI）に従う機関投資家の運用資産額

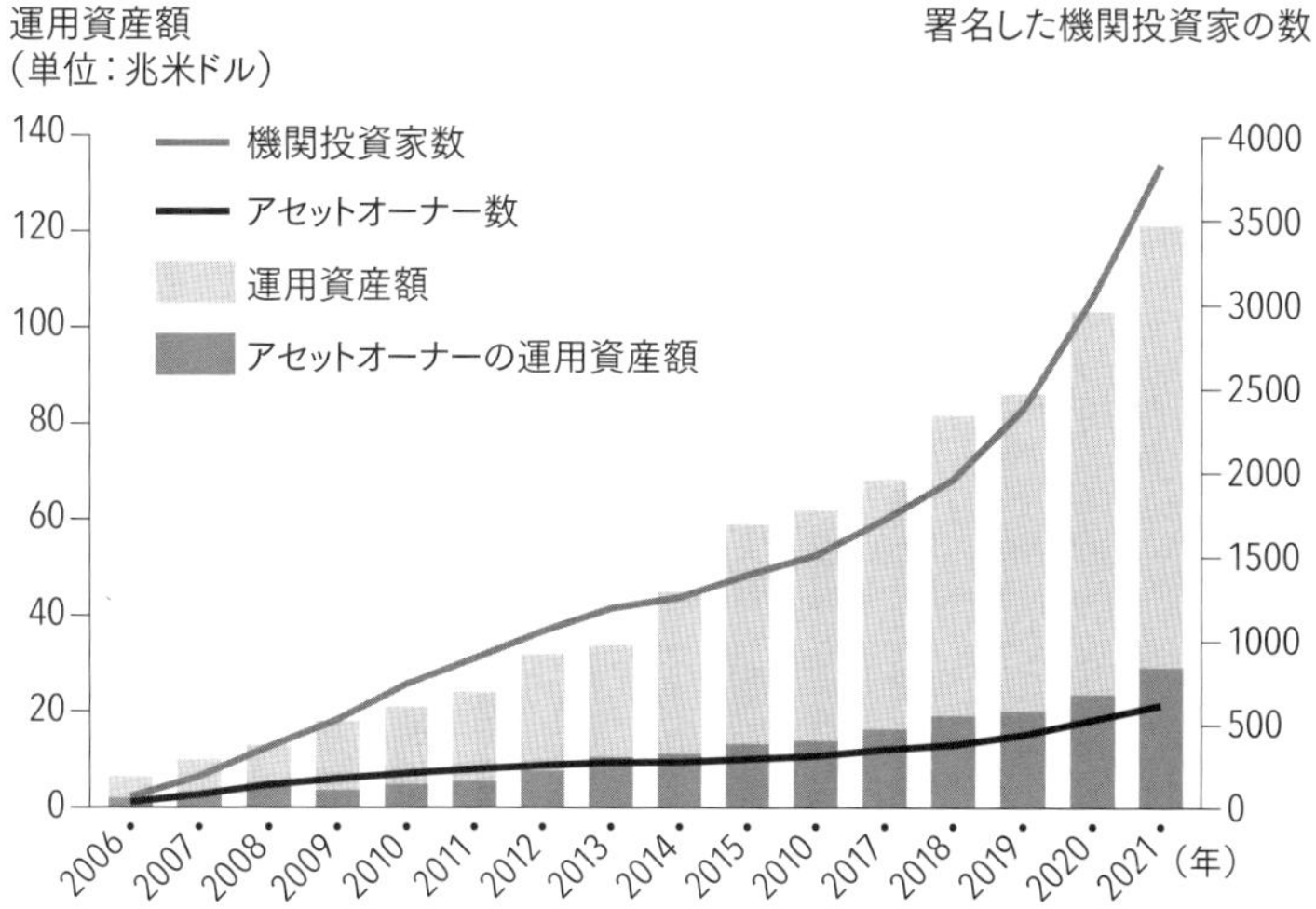

ESG投資に対する誤解や偏見

2019年、私はバロンズ誌に書いた記事の中で元教え子との会話を紹介した。当時、その元教え子は世界最大級のプライベート・エクイティ・ファームでメキメキと頭角を現していた。彼女は、投資先企業の選別にESG実績を重視するよう会社に働きかけているがなかなかうまくいかない、と私に訴えた。「それはすべてのプライベート・エクイティ・ファームに見られる問題だよ。ビジネス界の一部がいまだにミルトン・フリードマンの頃の考え方から進歩していないのは残念だ」――彼女はそのような返事を期待していたのだ。だが、すでに述べたように、事実はそうではないと私は知っていた。彼女の会社のやり方は完全に投資業界の常識からズレているのだ。世界がこれほど大きく変化したと知るのは素晴らしい気持ちである。

社員や顧客にとっては不幸なことに、彼女の勤め先は今もそこから進歩していない。ニューアラインメント以前の時代に多くの社員がとどまっている。ESGは長いこと、手を出すと間違いなくおカネを失う道だと投資家に思われていた。もっと上品に言えば、何らかの形で世界の役には立つだろうが、現実的な経済的価値を向上させるものではないと見られていた。投資家が社会的責任投資を意識したとしても、せいぜいポートフォリオのほんの一部を割いて、環境・社会問題に取り組んでいることが明白な企業に投資するだけだった。そして、彼らはその投資を慈善事業だと考え、ポートフォリオの中核になったり劇的なリターンをもたらしたりするとは期待していなかった。

その理由の大半は、何十年もの間、ESG問題を投資分析に組み込むというのがどういうことなのか、投資家が理解していなかったからだ。繰り返しになるが、これは透明性と情報の問題である。ESG投資の出発点は、非常に単純な一種のふるい落とし（ネガティブスクリーニング）だった。ポートフォリオからタバコ会社やアルコール企業を追い出す、スキャンダルの起きた企業に投資しないといったことだ。一見すると、企業を良い方向に押しやる最初の一歩としては悪くないように思える。潜在的株主に切り捨てられるリスクをわざわざ冒す経営幹部などいないからだ。だが、それが最終的に何らかのプラスの影響をもたらしたかどうかは不明であり、むしろいくつかの理由から、実は益より害のほうが大きかった可能性も十分にある。

第1に、これが本当に変化を促す力を持つためには、十分に多くの市場参加者が真剣にスクリーニングを行い、結果としてふるい落とされた企業の資本調達コストが大幅に上昇しなければ効果がない。理屈から言えば、特定の企業に財務上の困難を与えて企業価値を低く抑え、その企業だけ事業コストを上昇させれば、それは企業行動を変える効果をもたらすはずだ。だが残念なことに、企業価値が下がっていけば、おそらくどこかの時点で、自分の利益だけにしか興味のないプライベート・エクイティ・ファンドがその企業の株を買うだろう。その時点で、ふるい落とされたことは問題でなくなる。なぜなら、その企業は資金調達先を探さなくてよくなるからだ。

プライベート・エクイティ投資の基本原理は、過小評価されている公開企業の株式を買い占めることにある。もしスクリーニングが実際に企業を変えるとするなら、その論理的帰結はおそらく、ふるい落とされた企業を公開企業から未公開企業へと変えることであろう。そうなれば、その企業の行動はいっそう不透明になり、政府の規制を除いてその企業の行動を改善させる力を誰もが失うことになる。これが良い結果であるといえないのは確実で、投資家によるスクリーニングを推奨する理由にならないのは明らかだ。

第2の理由として、ネガティブスクリーニングという考え方は財務上の懸念ではなく社会的な懸念が原動力になっているため、まるでESGの取り組みすべてが、財務実績を度外視してそれ以外の何かを求める企てであるかのような烙印を押されてしまったことが挙げられる。その結果、ESG問題に関心を持つ投資マネジャーは、（投資先の）財務数値ではなく自分の個人的価値観に基づいて投資行動をし、場合によっては受託者責任が果たさない恐れさえあると思われてしまうようになった。

この点について私が（イオアニス・イオアヌ教授と共同で）執筆した初期の論文では、20年間のウォール街の推薦銘柄を調べている。(注5) 1990年代、業界担当アナリストたちの「売り推奨」や「買い推奨」を見ると、彼らはサステナビリティ実績の優れている企業を、そうでない企業よりネガティブに評価しているのは明らかだ。社会貢献を重視した行動をする企業は、評価されないどころか、罰を受けたのである。当時の古い考え方によれば、ESG実績の優れた企業は利益以外の何かを最優先しているに違いなく、したがってこの先も競合他社を上回る業績をあげることはないだろう、と専門家は予想したのである。

図表7-2が示すように、このトレンドは時と共にゆっくりと反転する。まず、社会的

図表7-2｜競合より優れたESG実績を示す企業への「悲観」（売り推奨）と「楽観」（買い推奨）の比率

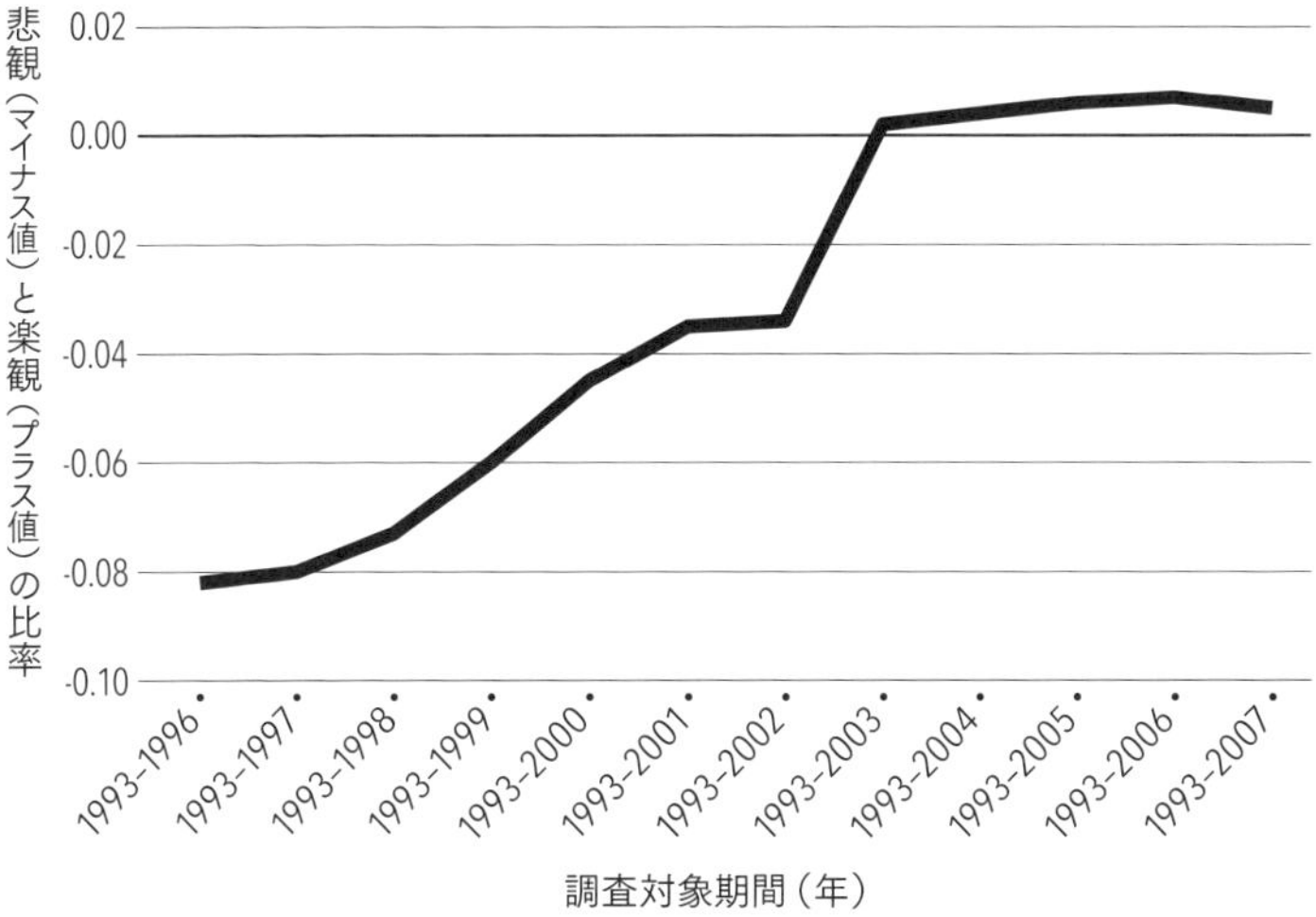

責任をしっかりと果たす企業に対するアナリストの銘柄推奨が以前ほど悲観的でなくなり、ついにはプラス評価へと反転する。偏見は消え、ESGの取り組みは企業価値を破損するどころか、業績向上と一緒の動きをするのだということに投資業界が気づくようになる。こうしてアナリストはESG実績のデータについて、企業と同じ見方をするようになる。すなわち、ESG関連の取り組みは、戦略的に重要で大きな意味を持つ場合もあるのだと――。

私の研究からわかるのは、データの量と質が良くなるにつれて偏見は薄まり、投資家たちも――まずは経験豊富なアナリストから、そして投資業界の裾野までゆっくりと――認識を改め、ESG問題は間違いなく戦略的なカギになると見なすようになったことだ。ここまでくれば、投資家が「気候アクション100＋」のような取り組みに積極的に関与し、エクソンモービルやP&Gの総会で行ったような株主提案をするようになるまで、ほんのわずかである。

企業のコスト要因からプラス要因へ

上で述べたことは簡単そうに聞こえるが、もちろん実際はそんなに簡単な話ではない。しみじみそう思う。すでに我々は、ESG実績が難題を一発で解決できる特効薬ではないと知っている。また、企業がESG問題に取り組んだからといって必ず見返りが得られるとは限らないのと同様に、投資家が投資判断にESG実績を加味したからといって、利益の出せるポートフォリオが自動的に出来上がるわけではない。あらゆる投資がそうであるように、結局最後は価値に行き着く。ある企業の株をあまりに高く買えば、その企業がどれほど森林保全に力を入れようが、二酸化炭素排出量を減らそうが、社員に公正な給料を払おうが、サプライチェーン上の児童労働をなくそうが、その株の購入が素晴らしい投資になることはないだろう。優れた投資とは、未来を予測し、他の市場参加者が気づく前に価値を見つけることである。

アナリストたちの「売り、買い、ホールド」推奨の変化を調べていて、私は過去20年間の株価にも似たような傾向があることに気づいた。(注6) 2000年代初頭、企業が優れたESG実績を示すと株価はわずかに下がった。これは、ESGを企業のプラス要因ではなくコスト要因と見て〝売り〟推奨するウォール街の見方と一致していた。私は2000社を超える米国企業、および同じくらいの数の国際企業のデータを分析し、ESGのせいで株価が割安になる傾向が次第に薄れていき、2010年代半ばまでには逆にESGのせいで株価にプレミアムが乗る傾向があることを発見した。優れたESG実績を残している企業は、将来を考えると、業績予想を上回る結果を出すだろうと人々が気づき始めたからだ。

図表7-3を見てほしい。2016年末にドナルド・トランプが米国大統領に選ばれると、この「株価プレミアム」(ESG実績のおかげで株価が割高になること)はあっという間に消え去る。規制環境が変わるのではないかと投資家が恐れたからだ。企業が優れたESG実績をあげても、その種の企業行動が支援されなくなる世界では意味がなくなるのでは、と――。だが、ニューアラインメントの力は政治よりも強かった。2017年初頭になると、株価プレミアムは完全に復活したのである。

最近は人工知能(AI)を使って、いろいろな企業に対する人々の好感度を計測できる

図表7-3｜米国株式市場におけるESG実績への評価

ようになった。おかげで我々の調査研究でも驚くべき結果が得られている。

ここに2種類の企業群があるとしよう。どちらも同程度に優れたESG実績を残している。一方の企業群は、世間から好意的に見られており、好感度スコアも高得点だ。このような企業は、予想を超える株価にはならない。株式市場における彼らの評価倍率（マルチプル）はすでに適正であり、優れたESG実績は株価に反映済みなのだ。

ところがもう一方の企業群は、優れたESG戦略とESG実績にもかかわらず、まだ世間の好感度はさほど高くない。こうした企業は、将来的に標準を上回る株価になる。

前述したネクステラ・エナジーとAESの株価がまさにこれに当てはまる。AESのように、優れたESG実績がまだ世間に認識されていない企業はお買い得なのだ。そのような企業はまだ手つかずの潜在能力を秘めており、いつか認識されるべき価値がそこに眠っている。

もしあなたが投資家なら、まさにそのような企業を探すべきだ。まだ無名の優良企業で、近いうちに世間に認識されるであろう企業――。その企業がまだESGの潜在能力を最大化しておらず、それを最大化させるためにあなたが「物言う株主」になれるなら、なおさら良い。まさにエクソンモービルの事例のように！　変革がスタートした時点から株を買ってその企業に関与し、世間がその企業への投資チャンスに気づいて「株価プレミアム」が最大になれば、大きな報酬を得ることができる。実はこれ――隠れたチャンスを表面化させること――こそがアクティブ投資の本質なのだ。こうして、未実現の価値を実現する可能性が今、最も保守的で利益重視型の企業さえをもサステナビリティに注目させる原動力となっている。

こうした考え方に興味があったので、私はアクティビスト（物言う株主）型のヘッジファンド、インヘレント・グループの顧問役を引き受けることにした。このファンドを立ち上げたトニー・デイビスは実績のある投資家で、彼は〝サステナビリティ要素を自社戦略と業務運営に組み込んだ企業はいずれ競合他社を上回る業績を達成する〟と信じている。

普通の人はヘッジファンドと聞くと、投資業界の中でも最もカネ儲けに特化した組織で、〝きれい事〟を投資判断に持ち込むことなど決してないような人たちが運用しているというイメージがあるだろう。トニーは若くして投資業界で大成功を収めて40代半ばでリタイアしたが、インヘレントを立ち上げるために投資業界に復帰した。彼は、環境・社会問題で意義深い変革をなそうとする企業を助けるため、自分の投資スキルを活かせる一世一代のチャンスだと思ったという――2018年、トニーは私に復帰の理由をそのように説明した。

インヘレントは、ESG実績を改善することで企業価値を高められそうな企業を探し出し、その株に投資し、経営陣に改善を迫るという活動をしている。その一方で、サステナビリティのトレンドに逆行している企業を見つけた場合、その企業の株を空売りする活動もしている。将来、環境や社会との不調和がその企業の重荷となって株価が急落した際に利益を得ようという狙いだ。新しい現実の表と裏の両面から利益を得る作戦である。

●――ニューアラインメントを受け入れる投資家たち

デイビッド・ブラッドは、元米国副大統領アル・ゴアが会長を務める投資会社ジェネレーション・インベストメント・マネジメントの共同創業者兼シニアパートナーである。同社は、（投資先の）長期的なサステナビリティ実績を重視するため、サステナビリティ分析を投資判断の中核に組み込むと宣言した初めての投資会社の1つである。2004年に運用資産4億ドルでスタートし、今では300億ドルに迫ろうとしている。2020年には、過去12年間で最も運用成績が良かったファンド（169社のグローバル株式ファンドの中で）としてランキング1位を獲得している。長期的な投資判断におけるサステナビリティ要因の重要性に関し、同ファンドに長年にわたり協力してきた私としては、この成功に驚きはなかった。

過去15年間のジェネレーションの歩みを振り返るとき、私は10年ほど前のロサンゼルスでの講演を思い出す。ファミリーオフィス（裕福な一族の資産管理会社）や比較的小規模な投資ファンドの運用担当者に向けたものだった。聴衆の雰囲気は冷たく、ほとんどの人はESG投資に極めて懐疑的で、投資リターンを犠牲にして行うものだと信じていた。私が示したデータもなかなか信じてもらえなかった。

講演が終わりに近づいた頃、聴衆の1人が私に向かって次のような発言をした。自分はずっと懐疑的だったが、ジェネレーションと出会って考えを変えた。多少は善行になるだろうと思って、資金の一部を何のリターンも期待せずにジェネレーションに投資したところ、すべての投資先の中で1番の投資リターンをもたらしてくれた。もっと多くの資金を同ファンドに投資しておけばよかったと強く後悔している――。彼の予想は、現実に起きていたこととまったく調和していなかったのである。

第1章に登場したレイニール・インダールを覚えているだろうか。ESG問題に特化したプライベート・エクイティ・ファーム、サマ・エクイティを立ち上げ、今や10億ドル超を投資している人物だ。彼はハーバード・ビジネス・スクールの私のクラスで登壇し、会社のあらゆる判断においてサステナビリティを考慮に入れることがいかに大変か、そしていかに見返りが大きいかについて話してくれた。サマは他のファンドと姿勢や行動が違うことは有名なので、時には最高値を提示しなくても企業を買収できることもある。サマは起業家たちから、自分の会社のパーパスを維持・強化してくれる信頼できるパートナーであり、他の投資家にはできない付加価値を与えてくれると見られている。

こうした例は上記2つだけでなく、いくらでも挙げることができる。サステナブルかつ責任ある投資を重視するカルバート・リサーチ・アンド・マネジメントのCEOにジョン・ストイアーが就任した2015年から、私は彼に協力している。カルバートは社会的責任投資の投資商品を最初期につくった1社である。同社はこの分野で30年以上の経験があったが、それでも自社の考え方を説明すると（顧客の）ポートフォリオマネジャーに反発されることがあった。データを十分に理解してもらえず、同社のミッションは財務的根拠のある賢明な投資と両立しないと思われ、離れていく顧客もいた。わずか数年で何億ドルもの運用資産を失った時期もある。

ジョンと私は、サステナブルな企業を成功に導く要因をさらに深く理解するため努力を重ね（結局それはマテリアリティと確固たるデータだった）、最後には顧客に我々のビジョンを受け入れてもらえるようになった。ジョンはカルバートの業績を反転させた。運用資産はほぼ3倍に増え、2020年には300億ドルを超え、調査研究に裏打ちされた賢明でサステナブルな投資によるリターンを手にしている。

他にもまだいくつか実例を挙げたい。

世界最大級のプライベート・エクイティ・ファームであるカーライル・グループは、サステナビリティを巨大な差別化要因だと考えている。同社は2018年に次のように述べている。「投資家の財産を預かる管理人としてカーライルが請け負う責務は、賢明な投資と価値の創造である。この10年、我々は受託者としての能力を高める方法の1つとしてサステナビリティへの取り組みを強化してきた。極めて簡単に言えば、健全なESG関連の取り組みは我々の投資プロセスと投資結果を向上させる」(注7)

モルガン・スタンレーは2013年に「サステナブル投資研究所」を設立し、5年以内にサステナブル投資やインパクト投資のための投資資金100億ドルを集めることを目標とした。彼らはその目標を大幅に上回り、現在250億ドルの資産を運用している。モルガン・スタンレーのCSO（最高サステナビリティ責任者）オードリー・チョイは、私が企画して350人が出席した会議に登壇し、最初は多くの人が同研究所に懐疑的で、まさかこれほど成長するとは誰も思っていなかった、と話した。(注8) その見方が間違いだったと彼らは証明したのだ。

誰もがこのようなやり方をしている、と言うつもりはない。レイニールは、多くのプライベート・エクイティ・ファームがマーケティング用の〝グリーンウォッシュ〟（環境に配慮しているよう見せかける欺瞞）に手を染めているといつも話している。口では正しいことを言っているが、必ずしも行動が伴っているとは限らない。サマ・エクイティの競争優位がうまく働いているのは、人々がグリーンウォッシュを見破っており、サマの行動が他の投資企業と違うことに気づいているからだ、とレイニールは考えている。

彼は間違いなく、ただ世界に貢献するだけでなく、リスクを減らしてリターンを増やし、業界に破壊的創造をもたらし、しかもサプライチェーンその他も改善できるような方向に投資先企業を変えつつある。トレンドの方向性は明らかだ。確かに誰もがレイニールと同じように全身全霊で取り組んではいないかもしれないが、現時点で〝投資にサステナビリティは重要だ〟と考えていない人を探すほうが難しい。

この時点でまだそう考えていない人はどんな人なのか、そしてその理由はなぜか——これは修辞的疑問文ではない。文字通りの意味で、この問いかけは非常に大事である。取り残されている人々の一部は、旧式のパラダイムから脱却できず、いまだにESG投資をネガティブスクリーニングだと信じている。彼らは、私や仕事仲間がこの10年間に行ってきた研究成果も見ていないし、同じ投資業界の他社の動きも見ていないので、なぜ業界の常識が変化したのかもわかっていない。ESG要因を無視しながらも長い時間をかけて投資業界で成功した人たちは、時代の変化に合わせる必要性を感じていない。

彼らがESG要因を判断に組み込んでも投資成績は向上しないだろう、と言いたいのではない。投資成績が向上するのはほぼ間違いないだろうが、成功は自信過剰と惰性を増幅させるため、これまでのやり慣れた方法に固執してしまうのだ。あらゆる帝国がいずれは衰退するのと同様に、あらゆる賢明な投資戦略はいずれ有効性を失う。知識はどんどん進歩し、投資業界もそれを取り入れていくからだ。ニューアラインメントを受け入れない人たちは、いずれ取り残されることになる。もし今はそうでないとしても、時間の問題だ。単純な話である。

◉結果に表れてきたサステナビリティ

ここまで説明すれば、サステナブル投資への動きが勝利を収めつつあることを理解してもらえたと思う。わずか数年前とはまったく別の景色のように感じられる。今日、非常に多くの投資家は、その行動からニューアラインメントの力を理解していると見て取れるし、彼らが社会のことを強く気にかけ、懸念していることがそこに反映されている。さらに力強いのは、ＥＳＧの研究結果を信じる投資家だけに頼らなくても、金融市場における新しいイノベーションにより、ＥＳＧ実績が企業の最終利益にとてつもなく大きな意味のある影響を与えるようになりつつある点だ。

世界的製薬会社のノバルティスは２０２０年9月、ヘルスケア業界で初となるサステナビリティ・リンク債を出すと発表した。すでに第2章でグーグルのサステナビリティ債には触れた。サステナビリティへの投資を約束すると同時に、こうした問題を本当に気にかけていると社員に示すことがその狙いだった。ノバルティスのサステナビリティ・リンク債は、同社の掲げる「患者アクセス目標」を２０２５年までに達成できなかった場合、債券保有者に通常より高い利子を支払う。「患者アクセス目標」とは、マラリアやハンセン病など発展途上国に大きな被害をもたらす病気の治療薬が、世界各地でどれだけ入手できるかということに関する目標値だ。ノバルティスの広報資料によれば、この債券は「ESGを業務運営の中核により深く組み込み、その進捗に関して常に変わらず透明性の高い情報発信をしていくという当社の長い旅路において、さらなる果敢な一歩を踏み出したことを示す」という。(注9)

イタリアの電力・ガス企業エネルも、これと似たようなサステナビリティ・リンク債を2020年に発行している。サステナビリティ目標を達成できなかった場合、利子率を25ベーシスポイント（0・25%）高くするという債券だ。(注10)この種の債券やサステナビリティ貸付商品は、企業を善行に導く財務的インセンティブとなり、公約を守らせる強い効果を持つ。3年前にはこの種の貸付商品は存在していなかった。本書執筆時点では、この種の貸付商品を通した融資の総額は数千億ドルに達している。サステナビリティの実績がこれほどわかりやすく最終損益にリンクする様を見るのは感無量である。安く資金調達したい企業は善行を余儀なくされ、自らの行動の結果が自分に跳ね返ってくるのである。

いくつかの点で、これはネガティブスクリーニングへの回帰であるといえなくもない。ただし、昔のそれとは違う。今のほうがはるかに有意義なスクリーニングができるからだ。サステナビリティ・リンク型の貸付商品により、目標を達成できない企業を排除するのは簡単になった。そうした企業はサステナブルに行動できなかったことで、間違いなく利益に悪影響が出るからだ。

私は、ニューヨーク州が初めて「脱カーボン諮問委員会」を設置したときに委員に選ばれた。6人の委員は、ニューヨーク州知事と同州退職年金基金（運用資産2200億ドル）の会計監査官が任命した。我々委員の任務は、気候変動がもたらす金融リスクから、どのようにして退職年金基金を守るのか、その方法を決めることだった。

ダイベストメント（投資資金の引き揚げ）という方法を選べば話は簡単だった。よく使われる政治的手法であり、この手法を勧めるメールを諮問委員全員が多数受け取っていた。だが、同基金は我々委員の助言に従い、多面的戦略を採ることにした。すなわち、投資先企業の全社に対して最低水準の目標値を設定し、それをクリアできたら引き続き株主を続けるが、クリアできなければ投資資金を引き揚げる（ダイベスト）。さらに同基金は、気候変動問題の解決策となりそうな投資先に数十億ドルの資金を投じた。これは、データを実際に活用し、貧弱なESG実績のリスクを浮き彫りにする素晴らしい実例だった。今後もニューヨーク州退職年金基金に株主でいてほしいと思う企業は、地球のことを念頭に置いて行動する必要がある。(注11)

年金基金はこうしたテーマを、おそらく他の大半の投資主体よりも重要に考えている。

なぜなら年金基金は投資期間が超長期に及び、責任を果たしていくには100年後も世界に健全な姿でいてもらう必要があることを自覚しているからだ。化石燃料への投資が年金基金にとって極めて危険なのはこのためだ。もし化石燃料ビジネスが消え去れば――その原因が規制にせよ、彼らの生み出す気候変動リスクの強制的な内部化にせよ――そうした危険な投資もゼロになるだろう。ダイベストメントが世間一般の方針となっても、それだけで問題解決にはならないが、人々がこうした問題を深刻にとらえていると示す効果はある。

ヒロ・ミズノ（水野弘道）は、運用資産1・6兆ドルの日本の年金積立金管理運用独立行政法人（GPIF）で前の最高投資責任者を務め、現在はテスラの取締役でもある。私はハーバード・ビジネス・スクールのクラスに定期的に彼を招待し、登壇してもらっている。彼によると、年金基金の運用というのは、目前の四半期や1年ではなく100年単位で物事を考える仕事だという。GPIFは株式公開している世界中の大企業のほぼ全社について1％以上を所有している（日本の大企業はほぼ全社について5％以上所有）。したがって、ヒロはビジネスリーダーに対してとてつもない影響力を持っていた。

数年前、彼ははっとするような気づきを得た。それは、巨大な投資機関の持つ力について、我々に考え方を変えるよう迫る気づきだった。彼はこう考えたのだ。投資マネジャーとは、適切なポートフォリオを組んで市場平均をわずかに上回る投資成績を残せば、それで仕事をしたといえる。誰にも文句は言われない。だが、別の考え方もできる。ファンドがあまりに巨大でほぼ市場すべてに投資しているような場合、市場が10％下落したのに自分のファンドは9％の下落だったからといって大成功とはいえない。下落相場で自分だけ市場平均をわずかに上回って満足するのではなく、そもそも市場全体が10％の下落をしないように、投資マネジャーとして何かできることがあるのではないか――。

ヒロは、古典的な投資マネジャーの評価方法に疑問を抱くようになった経緯を私のクラスで話した。市場に勝つことだけを目標とするのではなく、彼とそのチームは〝全体の所有者〟という概念を考え出したのだ。「我々は市場全体を所有しているので、市場と競争して勝つということができないのです」。彼は市場に勝とうとするのではなく、市場全体をよりサステナブルにするために力を注ぐようになった。

ヒロは、自分のポートフォリオだけをより良くするのではなく、世界をより良くしようと決心したのである。2021年の春、彼は私のクラスで次のように話した。

「ある年金基金の投資マネジャーは『我々の仕事はおカネを大事にすることであって、地球を大事にすることではない』と言いました。別の人には、私の言っていることが金融の専門家というよりも宗教の教祖みたいだと言われました。受託者責任を果たしていない、とも言われました。みな、あらゆる道理を述べて私に考え直すよう迫りました。そこで私は問い返しました。『我々の孫が外で遊ぶことさえできなくなったら、年金を満額受け取ることにどんな意味がありますか？』と――」

ヒロの考え方は大胆不敵である。誰もがすぐに理解してくれるわけでもない。それでも彼の話は、巨大な投資機関がその気になれば世界を変える大きな力を持てるということをよく表している。もちろん、我々みんなが水野弘道ではないし、巨大な年金基金の責任者でもない。だが、ここで話はぐるりと一周して、本章冒頭の問いかけに戻る。個人としての我々は、この種の取り組みを後押しするために何ができるだろうか――。

間違いなくできることがある。自分の年金資金を預けている投資マネジャーに圧力をかけるという手だ。私はニューヨーク州退職年金基金の仕事を通して確信したが、このやり方は間違いなく大きな効果がある。英国には、誰でも参加できるさらに公的な仕組みがある。それは「メイク・マイ・マネー・マター」（私のおカネにモノを言わせる）という新しい取り組みで、普通の市民が自分の年金資金を調べ、自分のおカネがどこに投資されているかを知ることのできる仕組みだ。(注12) メイク・マイ・マネー・マターのウェブサイトには次のように書かれている。

「英国の年金基金にはざっと3兆ポンドの投資資金があります。そして多くの資金が、化石燃料やタバコ、兵器といった有害な産業に投資されています。この状況を改善するよう要求することが我々の役目です。害ではなく益をなす投資をしてもらい、また我々の年金パワーを使って投資先企業にも同じ行動をしてもらいます」

まず最初に必要なのは透明性だ。透明性があれば、我々は行動の改善を要求できる。

「囚人のジレンマ」からの脱却

一歩引いて大きな全体像を俯瞰すれば、企業がESG問題に全力で取り組まねばならないことがはっきり見えてくる。だが、現実にはすべての企業が全力で取り組んでいるわけではない。仮に、あるESG問題が収益増加に結び付かず、それゆえ利益優先で社会に害をなすような企業がいくつも出てきたらどうすべきだろうか——。結局のところ、「優れたESG実績の企業は概して競合を上回る業績になる」とデータが示したといっても、それはあくまで一般論であり、現実にはそうならないケースもある。

一例を挙げれば、〝余計に支払いたくない顧客〟問題がある。これは、グリーンな（地球に優しい）商品・サービスだからといって割高な価格を払いたくない顧客を指す。多くの場合、価格が高くてもなるべくグリーンな商品を選びたい人というのは、顧客層のほんの一部に過ぎない。この結果、コストをかけてなるべくサステナブルなやり方で商品をつくる企業は、高コスト構造に陥り利幅の低下に直面しかねない。これは競争上極めて不利になる。

また、時間軸に関わる別の問題もある。企業が社員の賃金を上げたり、労働環境の良い納入業者を選んだりすると、長期的には財務面でプラス効果が生まれることもあるのに、短期的には事業収益にマイナスの圧力となるため、経営者はそうした取り組みを嫌がりかねない。この背景として大きいのは、短期業績に重きを置く経営幹部の報酬体系や、取締役の評価時間軸が短いことだ。

こうして古典的な「囚人のジレンマ」にぶつかる。仮にすべての企業が地球に対して責任ある行動を強制されるなら、我々全員が得をするうえ、1社たりとも競争上の不利を被らない。とはいえ、それぞれの企業にしてみれば、自社だけがルールを破ることで経済的利益が得られるため、抜け駆けしようというインセンティブが存在する。もし1社だけがルールを破れば、その企業だけが経済的利益を得るが、地球はほとんど影響を受けず、守られた状態を維持できる。だが、すべての企業がそのように考えると、全社がルールを破ることになり、結局全社が一丸となって地球の壊滅に貢献することになる。このため、誰も裏切らずにルールを守らせる――それが自分自身のためにもなる――インセンティブが必要になる。

このような適切なインセンティブを見つけるのは、困難ではあるが不可能ではない。1つのやり方は、私が〝競争前の協力〟と呼ぶ方法だ。業界全体で協力して基準を設けたり、データを集めたり、知見を生み出したり、製品開発を後押ししたりする。鉱業やテック業界など、我々はすでにいくつかの業界でこうした動きを確認している。これは、透明かつ有益という点で「談合」と異なる（談合は、価格をつり上げたり他社の市場参入を阻止したりするために密かに業界内で協力する、不透明で有害な行為である）。

例えば、アムステルダムのデニム業界の経営者たちは、アムステルダム応用科学大学の協力を得て、「責任あるデニム連盟」（ＡＲＤ）を結成した。その目的は、加盟企業がデニムを製造する際に、化学薬品の使用を減らして水質汚染を最小化したり、エネルギー消費を抑えたりして、よりサステナブルなやり方で製造するのを支援することだ。別の例は携帯電話事業者の業界団体で、インフラストラクチャーの改善や貧困撲滅、質の高い教育の普及、気候変動への悪影響の削減などに関する目標を加盟各社が達成できるよう、支援の枠組みを構築したケースだ。また、国際金属・鉱業評議会は加盟各社のために透明性原則を策定した。グローバル・アグリビジネス連盟は、農家の生活向上のための行動規範を策定するのに一役買っている。

さまざまな業界でこの種の団結の例が増え、業界の常識と人々の期待値を塗り替えつつある。このため、団結に加わらない企業でも無責任な行動が極めてやりにくくなる。法律による強制がなくても、透明性があるため、企業のルール違反を抑止する効果がある。業界内で団結し、基準を設け、データを公開することにより、責任ある行動をしようとしない〝フリーライダー〟（タダ乗り）企業を生きにくくさせることができるのだ。また、どの企業がESGの取り組みを本気で行っていて、どの企業が責任を回避しているのか、市場から見えやすくする効果もある。

ここに、投資家が担える大事な役目がある。私は研究を通して、この種の共同作業の構築と維持に投資家が手を貸すための枠組みを見つけ出し、その仕組みを解説した。すでにそうした進歩は実際に起きている。(注13) 例えば、スウェーデンの国民年金基金は2016年、他の投資機関と協力して、食品業界の10社が魚類・甲殻類のサプライチェーン改善で提携するのに手を貸した。さらに、コンゴのコバルト鉱山から買い付けをしている複数の企業が、よりサステナブルなやり方で買い付けをするよう働きかけた。一方、ノルウェー政府年金基金（資産規模で世界最大）は2018年にユニセフ（国連児童基金）と協力し、大手ファッション企業がサプライチェーン全般における子供の権利を改善（教育機会の提供や、健康や栄養の向上）する手助けをした。

図表7-4｜個別企業のESG行動が価値に与える影響

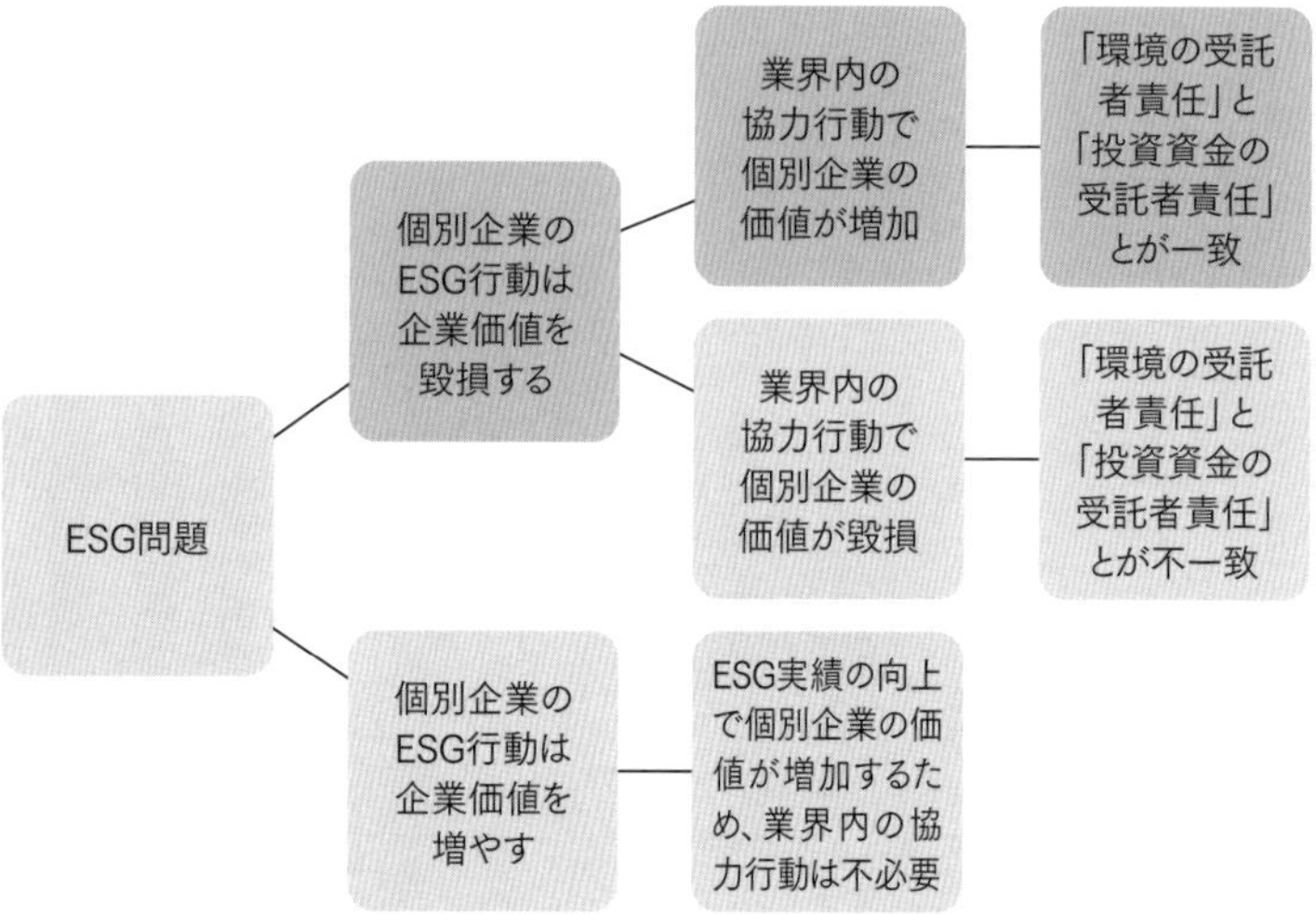

図表7-4を見てほしい。これは、個別企業レベルでの行動が価値増加を生むか否かに基づき、ESG問題を分類したものだ。一番右上のコマでは、「環境の受託者責任」と「投資資金の受託者責任」とが一致している。

現実には、我々全員が年金資金の出し手として、環境と社会の両方が健全に存続することに幅広い利害関係を持っている。我々は（年金基金を通じて）極めて多様なポートフォリオに投資しており、今後も超長期にわたって保有することになる。30代の読者なら、投資の時間軸は50年に及ぶ。この点は個人だけでなく機関投資家も同じだ。**図表7-5**を見ればわかるように、幅広い投資先と長期保有

図表7-5｜機関投資家の特徴

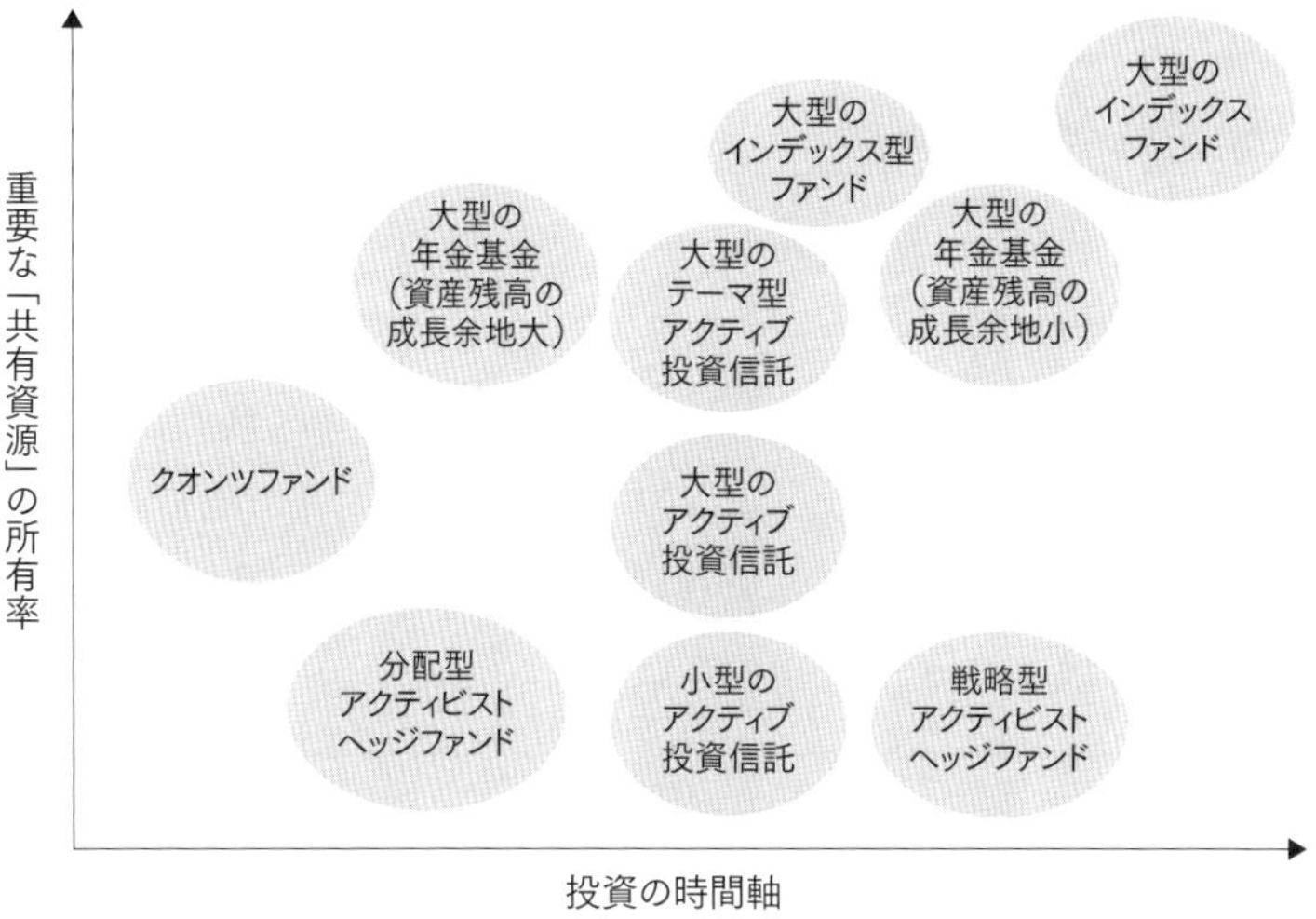

を特徴とする機関投資家は多い。

　こうした特徴を持つ年金基金やインデックスファンドなどの機関投資家が、サステナビリティの観点から極めて重要である理由はこのためだ。さまざまな業界のいろいろな問題について、彼らは〝コモンズ《共有資源》の受託者〟としての役割を果たせる立場にいる。

　例えば図表7-6を見ればわかるように、世界の3大インデックスファンド運用会社（ブラックロック、バンガード、ステート・ストリート）は、深刻な危機に直面している業界でかなりの株式シェアを握っている。賄賂と汚職に直面する建設業界、森林破壊に直面する食品業界、水質汚染に直面するアパレル業界、など

図表7-6｜世界3大インデックスファンド運用会社の株式シェア

課題	業界	大型インデックスファンドの株式所有比率（%）				
		年	平均値	中央値	上位1/4	上位3/4
賄賂と汚職	建築建設ゼネコンおよび運営建設業者	2002	5.6	5.3	4.3	8.2
		2007	11.8	11.4	8.6	11.7
		2012	14.4	14.5	14.5	15.9
		2016	19.7	20.3	20.1	20.3
森林伐採	飲食品	2002	5.8	6.6	1.7	8.3
		2007	8.0	8.6	1.8	11.8
		2012	13.5	14.1	13.3	15.9
		2016	16.5	15.9	15.9	17.4
水質汚染と水消費	アパレルやその他の繊維製品製造業	2002	5.0	6.7	2.3	7.6
		2007	8.1	9.0	5.6	10.1
		2012	10.2	8.9	8.6	12.1
		2016	13.0	13.3	13.2	13.4
原材料調達と紛争地域の鉱物資源	コンピュータ機器を除く電子およびその他の電子機器または電子部品	2002	7.4	8.1	7.1	8.5
		2007	10.4	10.4	9.2	12.6
		2012	13.1	13.7	13.5	13.9
		2016	16.9	17.0	16.7	18.2
肥満および消費者の健康	飲食店	2002	8.1	9.0	6.9	10.3
		2007	10.5	10.9	9.5	11.7
		2012	13.9	14.5	13.0	15.0
		2016	17.5	18.1	15.6	19.0
インクルージョンおよび手頃な製品アクセス	学校および塾等の教育機関	2002	5.0	5.3	4.5	5.3
		2007	9.1	9.0	8.6	11.0
		2012	14.4	15.7	13.4	16.5
		2016	13.2	12.7	12.7	17.7

である。

図表7－6は、こうした特定の業界において、巨大なインデックスファンドがどれほどの株式シェアを持っているかを、平均値、中央値、上位4分の1、上位4分の3、という4種類の保有比率で示している。我々は投資家として、こうした巨大ファンドのファンドマネジャーに投資先企業の行動を左右する力をきちんと使わせる必要がある。

ある調査によれば、投資家のほぼ4分の3はサステナブル投資に関心があり、ミレニアル世代が意識的にESGファンドを選ぶ確率は投資家層全体の2倍になるという。投資判断にESG問題も組み込むよう（投資先企業に）求める年金基金やファミリーオフィスはますます増えており、その点を契約書に明記することまで求めるファンドも、少数とはいえそれなりの数になる。

ESGの成否を見る指数

こうした意識が投資家の間で高まってきたことにより、当然予想されるような資産管理者の姿勢の変化が生まれつつある。2017年、ステート・ストリート・グローバル・アドバイザーズ（SSGA）のCEOだったロン・オハンリーは、大胆な動きに出る決意をした。SSGAは自社のインデックスファンドを通して、取締役会に1人も女性がいない多数の企業の安定株主になっていると気づいたのである。オハンリーはこれではいけないと感じ、何らかの手を打つべきだと考えた。同社は〝取締役会のダイバーシティ〟という旗印を掲げた。その原動力は、「ジェンダーダイバーシティ（そして、その結果としての考え方および経験の多様性）は優れたガバナンス、そして優れた企業を意味する」という強い信念だった。取締役会に女性がいない企業の〝ガラスの天井〟を破る一助となるため、SSGAは「恐れを知らぬ少女」キャンペーンを始め、堂々と胸を張る小さな少女の像をウォール街のど真ん中に設置した。昔から受け身の機関投資家と思われていた企業が、突如として活動的に変身したのだ。

SSGAは企業幹部に向け、なぜ取締役会の多様性に向けて行動すべきか説いた手紙を送った。次の株主総会までに何の変化も起こさなければ、取締役会に反対票を投じます、と。この結果、変化が生まれた。取締役会が男性のみだとSSGAが認定した1486社のうち、862社（およそ58％）が、2021年に1人以上の女性を取締役会に加えたのだ。(注14) この成果の象徴として、SSGAは「恐れを知らぬ少女の像」の周囲に壊れたガラスの天井を設置した。

ほぼすべての投資家にとって、少しでも多くの業界や企業がESG問題に真剣に向き合

う よう手を貸すことは、価値ある試みである。多種多様な企業の株を長期間保有する投資家は、特定の1社ではなく経済全体のリスクにさらされることになるからだ。腐敗、機会の不平等、気候変動など、何であれ経済成長にブレーキをかけるものは資産に悪影響を与えることになる。しかも経済全体にとって、システミックリスクを避けることは極めて難しくなっている。

だからといって、我々にできることは、インデックスファンドを買って巨大ファンドの運用責任者がESG実績の大切さを各社に説いてくれることを期待するしかない、ということにはならない。社会的責任投資に特化したファンドは今や数多くあるし、サステナビリティNPOのセレスのように、投資家や企業と協力して変化を訴える組織もある。彼らは企業と投資家の双方に向けて、責任ある行動を取るよう強く迫っている。1人でも多くの個人投資家が、投資先のESG実績に関心を持っていることを示すようになれば、運用責任者がそうした要素を無視する確率は減っていく。

私の研究では、ESG実績に対する個人投資家の関心が高まるにつれて、企業に働きかけて行動の改善を求める運用責任者の数が間違いなく増えてきたことが示された。運用責任者たちは、企業に働きかけることを自らの職務に欠かせない大事な仕事だと認識している。投資サービスがなんの差も生まないコモディティになった世界では、こうした企業への働きかけこそが投資会社の差別化要因になるだろう。我々は無力ではないし、巨大な機関投資家は確実に無力ではない。

ESGはあなたのものだ

投資家としての我々の役割はこのうえなく重要ではあるが、普段はあまり身近に感じられない。読者の中には、企業に方向性を示し、本書に記したような意思決定をさせる役割を担う人もいるかもしれないが、それでも影響を与えられる期間や対象となる企業の数には限りがあるだろう。学生の中には、将来企業を経営したり投資ファンドを運用したりするつもりはなく、こうした問題が自分の人生にとって本当に重要なのかと質問する者もいる。私は、「もちろん重要だ」と答える。

本書の冒頭で、ビジネスの目的とそれをキャリアとして追求していく理由について述べた。本書の最後も、その話で締めくくりたいと思う。人がなぜその仕事をしているのかという問題は、その人のすべての意思決定に影響を与える。我々はみな、人生と仕事の意味を求めて努力しているのだ。

人生の選択をするとき、自分がこの世界をより良くするために何かしたいのかどうか、そこを考えないわけにはいかない。本書の最後の章では、こうした問題が我々の仕事にどのような影響を与えるのか、パーパスと利益の交差点に立ち、十分な情報を得たうえで、どのように仕事と向き合うべきなのかを考えたい。一人ひとりが最大限の影響力を発揮し、適切なチャンスを見つけ、最も充実した人生の旅路を選ぶにはどうすればいいのか——。

第8章 ニューアラインメント：自分と組織が調和するために

少し前のことだ。かつての教え子が仕事のことで私の助言を求めてきた。彼はハーバード・ビジネス・スクールを卒業した後の数年間で、キャリアとしては相当の成功を収めていた。大手の事業会社で事業部門長を任され、仕事にはそれなりに満足していたが、同時に新たな挑戦も求めていた。そんな彼に、あるエネルギー企業が声をかけてきた。環境問題への対応では〝問題なし〟とはいえない実績を持つ企業だ。その企業が、彼の担当する事業部門よりかなり規模の大きな事業部の責任者をやらないかと誘ってきた。キャリアアップになるし、通常なら喜んで引き受けるような話だ。だが、彼はもともと環境問題に強い関心を抱いており、自分は地球に害をなす仕事ではなく、地球のためになる仕事をするのだと強く心に決めていた。

「なんとおっしゃるかわかっています。それでも聞きたいんです。転職すべきでしょうか？」と元教え子は言った。彼は驚いただろうが、私は即座に「そうすべきだ」と答えた。私がなぜそう答えたか理解できない読者もいるだろう。彼も最初はそうだった。この社会が直面する最大の問題の1つにまったく対応できていない企業への転職を勧めるなんて——。本書で私は、この種の問題に適切な対応をすることは企業として大切だし、そのうえ事業戦略としても優れていると言い続けてきた。その私がなぜ、そのような転職を人に勧めるのか？

その理由は、アラインメント（方向性の調和）というのが静的なものではないからだ。数カ月や数年のうちにそれは変化する。そして、アラインメントというのはまったく我々のコントロール外というわけでもない。誰もがみな、組織を別の方向に動かす力を持っている。問題は、その力を使って組織を良い方向に動かす方法を見つけること、そして仕事で何をなしたいのかということになる。

現在の調和度を重視するか、これからの上昇率か

我々はみな、仕事で充実感を与えてくれるのは何か、時間が経っても満足感を失わないものは何か、よく考える必要がある。一部の人は、自分の価値観とぴったりと調和する職場

で働くことを選ぶ。例えば、自分が強い思いを抱くテーマを専門に扱うNPOなどだ。だが、時間が経つにつれて、そのアラインメントはそれ以上強まらなくなり、場合によってはズレが生じるかもしれない。本人や組織が変化するからだ。

一方で、最初はそれほど自分の目標と調和していない職場で働くことを選ぶ人もいる。先ほどの元教え子の転職先のように。だが、彼らは自分の会社のさまざまな面をより良くするよう後押しし、自分の目標とのズレを大幅に減らすこともできる。

もし自分が影響を及ぼして組織を改善できるならば、初めから倫理的に優れていて自分の影響を必要としない組織で働くよりも、心理的な報酬はおそらく大きいだろうし、地球に与えるプラスも間違いなく大きい。それどころか、私は直感的にこう思う。高い能力と情熱を持ったビジネスリーダーたちに働いてもらうなら、もともと環境・社会と調和している組織ではなく、まったく調和していない組織（そして改善の余地がありそうな組織）で働いてもらうほうが、地球全体にとってプラスが大きいのではないだろうか。

この点を考慮して、私は学生たちに次のように問いかけている。現在の調和度（アラインメントレベル）自体を重視するか、それとも「調和度の上昇率」を重視するか、どちらだろうか、と。この問題を図示したのが図表8－1だ。ある組織は、最初から高い調和度にあるが、その調和度は上昇せず、時と共に下がりかねない。この組織を表すのが、図の

図表8-1｜調和度（アラインメントレベル）の変化

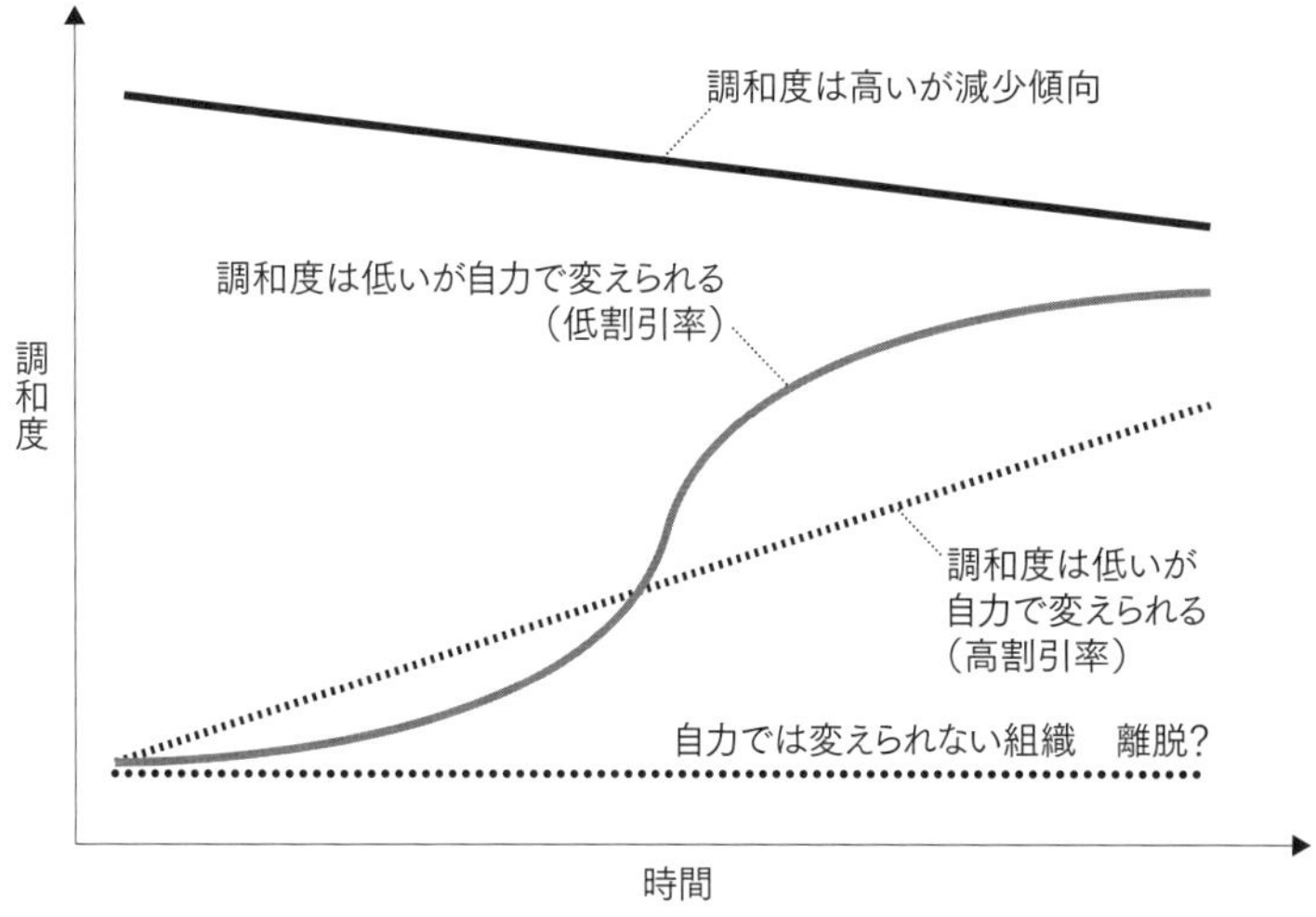

一番上の線だ。一方、そのような組織に就職するのではなく、最初から調和度がうんと低い組織で働くこともできる。そして、自分や仕事仲間の努力によって、その調和度を徐々に高めていくのだ。図では真ん中の2つの線がそのような組織である。

この2つの線の違いは変化のペースだ。曲線で描かれている組織は、あまり進歩のない時期が長く続くが、ある時期から指数関数的な進歩を遂げる。直線で描かれている組織は、変化のペースは速いものの、その変化は直線的であり、最終的な変化の総量は前者より少ない。この2つで何が違うのかを突き詰めれば、要するに必要とされる本人の忍耐力の差であり、私はこれを「個人ごとの割引率」と呼んでいる（最終的な変化量の差を現在価値に割り引く際の割引率は個人ごとに違う、という意味）。

図の一番下にある直線が示すのは、就職しないほうがいい組織だ。最初から調和度が低く、時間が経過してもほとんど向上しない。このような組織で働いているならば、最も良い選択肢はおそらくその会社から逃げ出すことだろう。私が目にする範囲では、人は図の上から3つの組織のどれかに就職する。どれを選ぶかは個人の嗜好による。最初から調和度が高いことを重視して（例えば有機食品メーカーに就職するとか、医療サービスを受けられない人々のために働くなど）、その調和度がこの先上がるかどうかはほとんど気にしない人もいる。一方、自分の努力と経験によりサステナビリティに関する組織の向上に大きな影響を与えることを重視する人もいる。

要するにこの問題は、次の3つのパラメーターの選択なのだ。①許容できる最低限の調和度、②将来の調和度の望ましい向上幅、③その調和度に至るまでの向上のスピード（数学的にいえば、2番目と3番目のパラメーターは、時間における調和度の1次導関数と2次導関数である）。

このような考え方は人を自由にしてくれる。仕事を始めるときの自分の置かれた状況を固定的に考えるのではなく、長い時間軸で考えれば、当初の自分の選択に縛られる必要はなくなる。自分のいる組織を変えることもできるし、そこから逃げ出してもいい。自分の現在地だけを見て心配するのではなく、将来の変化の軌道を見ればいい。調和度の低い状態から始めて、自分の影響力でだんだんと組織を改善していくほうがいい、という考え方も大いにあっていい。

CEOにならなくてもできることはある

人は、問題を先送りしたいという誘惑にかられるものだ。組織を変えるなんてトップにならなければ無理だよ、と周囲に言われることもあろう。だが、それは違う。私たちの研究によれば、心に思い描くような変化を実現するのに必ずしもCEOになる必要はないことが明らかになっている。(注1) 企業のパーパスに関する我々の研究で、中間管理職の姿勢が業績とパーパスの連携を後押しすると判明したのと同様、ここでもやはり経営幹部ではない社員たちが極めて大きな役割を果たすだろう。

この点がよくわかる実例として、元教え子の話をもう1つ紹介したい。

ジョナサン・ベイリーは2012年に世界的なコンサルティング会社、マッキンゼーに入社した。同社は世界中の企業や政府へ助言することで巨大な影響力を持っている。例えば、2020年の米国大統領選挙に向けた民主党予備選挙で、ピート・ブティジェッジは元マッキンゼー社員であることを対立候補から批判されたが、まさにそれは同社が数多くの大物と仕事をしているからであり、そうした大物たちがみな善行で有名というわけではないからだ。

元教え子のジョナサンはアソシエイトの立場から仕事を始め、ディレクターへ、そして最後はジュニアパートナーへと出世した。彼はパートナーになってもいないときから、極めて重要な新企画の設計・運用に貢献していた。その新企画とは、マッキンゼーがカナダ年金制度投資委員会と立ち上げたもので、気候変動や仕事の質、健全な企業統治といった問題に、長期的視野を重視して取り組もうという内容だった。この企画がきっかけになり、さらに大がかりな取り組みが始まった。世界最大級の企業や投資機関も参加する「フォーカシング・キャピタル・オン・ザ・ロングターム」(FCLT)という新しいNPOを立ち上げ、実業界に長期的な視野の重要性を訴えていくことになったのだ。

こうした企画は、マッキンゼーの上層部であるシニアパートナーたち(当時のマネージングパートナーだったドミニク・バートンやシニアパートナーのコナー・キーオなど)の熱意がなければスタートすらしなかっただろう。だが、実際に実現できたのは、ジョナサンのような人たちの丁寧な仕事やデューデリジェンスのおかげだった。

あらゆる階層でのリーダーシップ

有能なリーダーになるには、たとえ組織のどの階層にいようとも、自分が何を成し遂げようとしているかを理解し、それを実現するためにふさわしい行動を選ぶことだ。情熱や気持ちがあれば大きなことが成し遂げられると考える人もいる。だが、かっちりとしたゴールを示し、そこに至るのに必要なスキルをすべて身につけるほうが、はるかに優れた結果を残せると私は確信している。

ユニリーバのポール・ポールマンがサステナビリティに向けて会社を動かせたのは、たんに彼がサステナビリティの重要性を信じていたからではない。会社の裏も表も知り尽くした有能なリーダーだったから実現できたのである。数字を知り尽くし、ある行動がどのような結果に結び付くかを完全に把握しており、自分の狙った方向へと会社を動かすための適切なレバーを引くことができたのである。

重要な変化を起こすには例外なく時間がかかる。少しずつしか進まないし、時にはもたつくこともある。だが、少しであろうと進歩は進歩だ。50%のダイバーシティを目指している組織で、現在のダイバーシティが10%しかないとしても、即座に50%まで増やせないからといってさじを投げる必要はない。まず12％、そして14％、次は16％、さらにその先へ――小さな変化の積み重ねが大事なのだ。

成功までの長い道のり

ずいぶん簡単そうに聞こえたかもしれないが、実際にはそれほど単純には進まないこともある。努力が必ずしも報われるわけではない。そこにはリスクがある。組織を動かすことができず、不調和なままで終わるという単純なリスクもあれば、不祥事ですべてが吹き飛び、自分も組織も修復不能なダメージを負うリスクもある。組織の自己変革に手を貸すつもりなら、少なくとも最初のうちは抵抗を受けるとか、歯がゆさを感じる覚悟はいるだろう。

第5章で紹介したエリク・オズムンセンの話を覚えているだろうか。ノルウェー最大の廃棄物処理企業ノルスク・ジェンヴィニングを浄化しようとしたCEOだ。ニューアライメントの創造を重視するリーダーにどれほどのことができるかという点で、彼のエピソードからはまだ学べることがある。エリクの取り組みは会社を変え、「昔からこうやってきた」という社内の空気を、責任と価値観に満ちた空気に入れ替えた。(注2)

エリクはまず、廃棄物業界の悪習に染まっていない業界外の人たちをリーダーとして採用することから始めた。彼はなるべく才能ある人たちを集めようとした。多様性に満ち、天才的なテクノロジーの才能を持ち、エリクが会社に吹き込もうとしているのと同じ価値観を持つ人たちだ。エリクはメディアに対しても隠し事をしなかった。社内で見つけた新たな悪習についてもメディアに話した。社内にはまだ隠されている悪事があると彼は知っており、いつかはそれが表沙汰になると確信していた。あらかじめそれを公表し、物事を隠蔽しない姿勢を貫けば、人々の信頼を得られる。エリクによれば、今や社員は「初めてこの会社が信頼でき、誇れると思うようになった」と言っているそうだ。(注3)

エリクが改革に着手して3年。当初は事業の足を引っ張り、1億5000万ノルウェー・クローネの現金を失い、元社員に顧客を盗まれた。だが今や会社は以前よりも強くなった。倫理面と業務面の両方で業界の先導役を果たしている。現在ノルスク・ジェンヴィニングはノルウェーで11番目に尊敬される企業であり、職場環境では1位にランクされている。同社は、たんに顧客にサービスを提供するだけの企業ではなく、リサイクル製品の提供を通して顧客企業がよりサステナブルになるための戦略的パートナーの役目も果たしている。

競合との差別化に成功し、業界でも目立つ存在となった同社の改革ストーリーは、メディアで取り上げられることも多い。新事業も順調で、利幅は拡大し、株式市場での評価も高まっている。

危険の兆候を知る

エリクは会社の変革に成功したが、成功する保証は皆無だった。環境・社会問題と調和していない組織に飛び込んで改革に着手する前に、そこにあるリスクや警戒信号について知っておくべきだ。第1に、変化を受け入れる社風が必要である。ニューアラインメントの必要性をリーダーが認識しておらず、周囲の支援も期待できないようであれば、失敗のリスクは大きい。たとえCEOであろうと、たった1人の声で組織全体を動かすことはまず不可能だ。そのような組織には就職しない――もしすでにそこにいるなら脱出する――ほうがよいだろう。

巨大な石油・ガス企業で働く35歳の技術者から、こんな話を聞いたことがある。社内には情熱と才能を持つ技術者が大勢いたのに、彼らの考え出す素晴らしいイノベーションのアイデアを上級管理職たちは聞こうとしなかった（それどころか馬鹿にした）。その結果、社員は無力感を覚え、最も才能ある人たちから職場を去り、会社の成功に一番必要であるはずのイノベーションが失われていくという悪循環が生まれた。ハーバード・ビジネス・スクールの同僚、エイミー・エドモンドソン教授は、このような「組織における心理的安全性」というテーマについて多数の論文を書いている。安心感のある職場とは、お互いが親切で優しいことではなく、率直にモノを言い合い、間違いを素直に認め、お互いに学び合うような職場だとエイミーは指摘する。

これこそ、企業のパーパスがかつてないほど重要である理由だ。実はパーパスの重要性ははるか昔から知られていた。100年ほど前、チェスター・バーナード（経営学者）やフィリップ・セルズニック（社会学者）など、組織が社会で果たす役割について研究した識者が指摘していたのだ。彼らは、パーパスこそ組織の方向を決める中心的な存在であり、それは市場における価格と同じ役目を果たしていると考えた。

バーナードはこのように述べている。「組織がどれほど長続きするかは（中略）、その組織を支配する倫理観の幅広さに応じて決まる。（中略）先見の明、長期的なパーパス、高い理想――これらが企業の耐久力の基盤である」[(注4)]

セルズニックも同様の考えを主張している。パーパスによって企業は価値観とアイデンティティーを与えられ、「使い捨ての組織」から「永続する機関」へと進化できる、と。[(注5)]

◉──我々にできること、理解すべきこと

個人として、リーダーとして、我々にできる最高のことは、組織のニューアラインメントを維持し、問題が顕在化する前にあらかじめ手を打ち、仕事を通して少しでも完璧に近づいていくことだ。

もちろん、我々の仕事が完璧になることは決してない。自分の目的に完全に一致する仕事を見つけることも、そのような仕事を生み出すことさえ、決してできないだろうし、どのような会社であれ、現場での業務を完璧にすることも決してできないだろう。本書を通して私が言い続けてきたように、これらをすべて成し遂げるのは難しい。利益と社会的インパクトのバランスを取ること、その過程で正しい選択をすること、価値観を行動に移し、伝え、見つけ出すこと――いずれも上手にこなすのは難しい。だが、こうした細道を行くことが前よりも少しは簡単になりつつあり、その細道を通って成功したときに市場から得られる報酬が前よりも大きくなっていることを、もし本書で伝えられたとしたら嬉しい限りだ。

次章の「結論」では、将来に向けてすべきこと、企業に社会的インパクト追求のインセ

ンティブを与え、行動の結果責任を取らせ、より良い生活とより良い地球のために我々の役に立ち続けてもらう方法について考える。

結論

数年前のことだ。私は企業のCEOクラスが集まるイベントで、企業が世界を良くしていく方法について講演する機会があった。講演にはフォーチュン500企業のCEOたちが何十人も参加予定で、彼らは私が話すであろう内容など十分に知り尽くしているはずだった。つまり、世界をより良くする企業行動は金融市場で高く評価され得る、という証拠が次々に示されていること。ESG実績の評価手法が次々に開発され、社員・消費者・投資家がますます企業にそのような行動を求めるようになっていること。世界はすでに大きく変わっていること――彼らはそうしたことはみな知っていた。ただ、それにどう対処すべきかをよく知らなかった。

そのイベントの前夜、私は私的な夕食会に誘われた。企業のCEO12人と私が夕食を共にし、上記のような問題や、企業行動を本気で変える方法について議論するという会だった。印象的だったのは、参加者がみな口を揃えて、それがいかに困難であるか不平不満を述べ始めたことだ。

「データがまだ十分にない」

「(ESG関連事業に) 投資をしたいが余裕がない」

「多様な社員を雇いたいと思っているが、そうした人材が見つからない」

「環境保護に貢献したいが、倒産してしまう」

「会社を変えたい気持ちはあるが、あまりにも難しい」

ついに1人のCEOがその場で立ち上がった。誰もが知る、消費者向けの巨大企業のCEOだ。彼は片手を挙げて、みんなを静かにさせた。そして単刀直入に言った。

「問題は手段や財源がないことではありません。データがないことでもない。問題はもっと単純です。不満を言っているみなさんは、こうした問題を本気で考えていない。それだけです」

その場は静まりかえった。彼は、自分の会社が大半の企業よりも一生懸命に取り組んでいると話した。「当社には5万社の納入業者がいます。そのすべてについて、雇用慣行や人権問題の状況を知るのは不可能に近い。それでも当社は、〝そんなことは無理だ〞と言って最初からあきらめるようなことはしませんでした。データを集めて、数年がかりで――そう、かなりの時間がかかります――サプライチェーンのやり方を変えていきました。5万社のサプライヤーすべてについてです」

「それができたのは、我々が真剣だったからです。それができたのは、我々のサプライチェーンで人権侵害が起きるなんて許せない、酷い扱いを受ける職場に人々を毎日出勤させるなんて許せない、同僚が酷い扱いを受けると知りながら出勤し、それを止めることもできない、そんな思いを人々にさせるなんて受け入れがたい――本気でそう思ったからです。変革がどれほど困難か、言い訳を並べているほうがはるかに楽だったでしょう。でも当社はそうしませんでした。真剣だったからです」

価値観と、相反するインセンティブ

大前提として、本気でない人には手の打ちようがない。自分の会社やこの世界をより良くしたいと真剣に思っていない人に対しては、仮に世界中のすべてのツールを与えたとしても、私は何の役にも立てない。ビジネスのやり方を変えれば、あなたの会社が社会にプラスの影響を与え、投資家と消費者から注目され、就職したいという人たちが増え、しかも財務業績も向上する――それを証明するあらゆるデータを私はあなたに与えることができるが、それでもあなたが心から真剣でなければ、実際にそれらを実現することはできない。

とはいえ、当然ながら真剣なだけでも十分ではない。例えば、あなたが環境・社会問題を真剣に憂慮していたとしても、それとまったく違う方向にあなたを向かわせようとするインセンティブを与えられたら？　そのインセンティブによって、自分の価値観と会社の存続の板挟みになったら？　もしくは自分の価値観を取るか、キャリアの成功を取るかの二者択一を迫られたら？　私の経験からいえば、ほとんどの人は価値観よりもインセンティブを取る。

だとすると、この先どうすれば強いアラインメントを維持できるのだろうか――。答えは、インセンティブを変えることだ。第3章で私は、企業行動を数値化する手段、ある企業が実際に何をしているのかを客観的に理解・評価する手段を持つことの重要性を指摘し、インパクト加重会計の話をした。多くの人はこれを完璧な解決策だと誤解してしまう。だが、インパクトを数値化すれば魔法のように世界中の問題を解決できるのだろうか――答えはノーだ。数値化はゴールではなく、たんなるスタートである。数値化は次の段階に進むために欠かせない。次に必要なのは、我々が直面する環境・社会問題の解決策を提供しようと思える適切なインセンティブを生み出すことであり、それは数値化によって初めて可能になる。

さまざまな組織が社会的インパクトを計測、数値化するようになり、こうしたインセンティブも次々と考案されている。だが、それらが自然に生まれてくると考えるのは間違いだ。ニューアラインメントは脆いものであり、育成し強化する必要がある。透明性や新たな選択肢に背を向け、改革に取り組む方向性とは別の方向に向かう世の中は簡単に想像できる。民主主義や健康や澄んだ空気を所与のものだと思い込んではいけないのと同様に、世界が我々の望む方向に進み続けると決めてかかってはいけない。我々はそのために努力し、本気で取り組まねばならない。

サステナブルな行動を支える4本の柱

未来を見据え、サステナブルな企業行動を後押しし続けていくためには、次の4本の柱を常に意識しておく必要がある。

❶分析による不断の透明性

❷結果に応じたインセンティブ
❸教育
❹政府の役割

以下で1つずつ見ていこう。

❶分析による不断の透明性

米国ではダノンヨーグルトで有名なフランスの食品コングロマリット、ダノンについて第3章で触れた。同社はインパクト加重会計の最先端にいる。パーパス重視を貫こうという姿勢、2050年までにカーボンニュートラルを達成しようという熱意、「炭素調整後EPS」を世界で最初に導入した実績により、ダノンは賛美に値するトップランナーといえる。

同社のことを紹介するのは私にとって大きな喜びだった。ところが2021年春、ダノンは突如として危機に陥ったようだ。CEOのエマニュエル・ファベールは、ダノンの株主を「ミルトン・フリードマンの彫像を倒した」と称賛してから1年もせずに職を解かれた。業績予想未達の犠牲となったのだ。(注1) 同社はパーパスに関してはすべて正しい手を打っていたが、資本市場での業績は冴えなかった。利益は減り、環境・社会問題への取り組みをよそに、最終利益では競合に差をつけられた。

この状況に対する最も安直な反応は、おそらくフリードマンならそうしたであろう見方をすることだ。「言っただろ、うまくいかないって。インパクトと業績は完全に対立する。ダノンは片方に入れ込むあまり、もう片方をおろそかにした」と。これと正反対の反応をする人もいるだろう。「世界のためにあれほど素晴らしい仕事をしているCEOをなぜ追放する？　株主はダノンが生み出しているインパクトが見えていない」と。

この両者とも、同じ前提に立ってものを見ているように思える。ダノンが素晴らしいインパクト企業であると無条件に思い込んでいるからだ。だが忘れてはならないことがある。熱意と結果は別物なのだ。仮に、ダノンが並外れて素晴らしいESG実績をあげているのにそれが市場で正しく評価されなかったというのが本当であれば、それはサステナブル資本主義を支える理念にとって大きな痛手だろう。確かに同社はBコープだし情報開示も素晴らしい。農場支援の取り組みなどあらゆる分野で優れた方針を実施している。だが、インパクト加重会計の存在価値は、巧みな広報戦略や美辞麗句の向こう側にある実際のデータを通して、ダノンの行動の真の姿を見せてくれる点にある。

社会的インパクトに関するダノンの評価数値を見れば、同社が業界内でちょうど真ん中あたりに位置していることに気づく。透明性や熱意は高くても、先頭を走っているわけではないのだ。二酸化炭素排出量や水の消費量、一般的な汚染物質の総排出量など、個別の数値を見ていくと、ダノンは例えばゼネラル・ミルズといった競合に負けている。ダノンの製品に含まれる糖分や塩分の数値を見ても、やはりゼネラル・ミルズに劣っている。我々はゼネラル・ミルズのサステナビリティ活動に関するニュースや同社の熱意についてあまり耳にすることはないが、数値を見るとゼネラル・ミルズはダノンを上回っている。企業の熱意や願望だけで判断するのではなく、結果の数値をきちんと評価できる能力は、驚くべき力を与えてくれる。フリードマンをめぐる哲学論争に陥らずに、事実の分析に基づく議論ができるからだ。

ダノンの業績が冴えないのは、インパクトを重視しているせいではなく、十分なインパクトを生み出せていないからかもしれない。CEOのファベールはもっと多くの時間をインパクトを生み出すことに充てるべきだったのかもしれないし、ファベール率いる経営陣は目標実現の方法を見直すべきだったのかもしれない。もしくは、ダノンの目指していたパーパスは100%正しいものだったのに、その実行方法が並以下の出来であり、その点でCEOをすげ替えたのは正しかったのかもしれない。すなわちファベールの設定したゴールが間違っていたのではなく、それを実現するための適切な手が打てなかったから追放されたのかもしれない――。

正しい分析ができれば、感情に左右されず、より優れた見地から議論を始められる。だからこそインパクト加重会計やその種の評価基準が極めて重要なのだ。理にかなった議論をするには正しいデータがいる。そしてそれが2本目の柱につながる。

❷ 結果に応じたインセンティブ

第5章ではマイクロソフトやBHP、シェルなど、経営幹部の報酬をダイバーシティ目標や二酸化炭素排出量にリンクさせた企業を紹介した。第7章では、特定の目標の達成いかんによって利回りが決まるノバルティスやエネルのサステナビリティ・リンク債を取り上げた。こうした動きは素晴らしい進歩であり、今後もますます広まっていくだろう。本書を執筆中の今も、大手外食チェーンのチポトレ・メキシカン・グリルが役員報酬の10％を持続可能な農業と社員インクルージョンの目標達成度にリンクさせる計画を発表し、カナダの6大銀行が役員報酬のかなりの部分をESG要因に結び付けるとの報道があった。(注2)

こうした例は、インセンティブがどれほど我々の行動を変え得るかを示す氷山の一角に過ぎない。

私は大学の同僚のイーサン・ルーアンと共に、ハーバード大学インパクト加重会計プロジェクトの担当教授を務めている。我々2人は先日、インパクト加重会計がどれほどのパラダイム転換をもたらすかについて共同で論文を書いた。多くの人は現在の財務会計制度を唯一のものだと思い込んでいる。だが、我々の知る会計制度が広く使われるようになったのはほんの100年ほど前からだ。貸借対照表に資産と負債は計上するが、環境や社員に与える影響は計上しない、という選択をしたのは、文字通り「選択」である。すなわち、別の選択をすることもできるわけだ。

企業が世の中に与える影響も反映するように会計基準を変えよう、という動きへの抵抗は2種類の形を取る。「それは不可能だ」というものと、「そうすべきではない」というものだ。忘れてはならないのは、今では当然のように受け入れられている会計慣行も、最初は同じようなことを言って反対した人々がいた点だ。企業は1つずつみな違うのだから会計は体系的知識というより職人芸だと言う人たちもいたし、決算報告書は企業への負担が重すぎると反対する人たちもいた。

こうした反対意見は過去のものになった。そして今、「企業が世の中に与える幅広い影響というのは財務上重要な要素ではない」と言う人たちがいる。もちろん、本書で紹介したさまざまな研究からも明らかなように、それらは重要な要素である。「インパクトを正確に測るのは不可能だ」と言う人たちもいるが、我々は今まさにそれを行っているし、計測内容も日々包括的になってきている。完璧さを求めて善を妨害してはならない。新しい会計基準等は着々と改善されてきたし、今後も良くなり続けるだろう。

すべてのものを金銭的尺度で示すのは不可能だ、もしくはそうすべきでない、と主張する人たちもいる。そうすることはかえって重要な社会問題の解決を妨げることになりかねない、と――。しかしながら、我々の森林、海洋、人々に値段をつけなかったことで、そうした問題の解決に成功してきたかといえば、そうではない。気候問題は壊滅的大惨事に直面している。哺乳類、鳥類、魚類、爬虫類の生息数は1970年から60%減っている。我々は失敗しつつあるのだ。であれば、違う方法を試してみてもいいではないか。

企業の社会的インパクトを計測すべきでない、それは現在の会計制度が扱うべき範囲を超えている――そう主張する人たちは、「社会的インパクトを計測しない」ということが「計測する」こととまったく変わらぬ〝1つの価値判断〟であることが理解できていない。イーサンと私は共同論文で次のように書いた。「何を計測するかという選択は、何が重要かという価値観を表す。それらのインパクトを見えないままにしておくことは、それらが重要でないという認識を示すことになる」

環境や社会に与えるインパクトをより正確に測れるようになるにつれ、企業にこれらの計測値を重視するようなインセンティブを与えていかねばならない。そうした計測値の重要性を反映するような会計制度に移行し、きちんと結果責任を負わせるような仕組みを構築しなければならない。その手段としては、役員報酬制度や債券の利払いの仕組み、個別の契約条項、法制度、各種の基準などがあるだろう。こうした仕組みの構築には時間がかかるだろうが、停滞や後退をせずに前に進み続けることが大切だ。

❸ 教育：次世代のリーダーを育てる

私のクラスにいるのはこの種の問題を極めて大事だと思っている学生ばかりなので、私は自分が甘やかされた環境にいるといつも感じる。そのような学生ばかり目にする一因は、自己選択バイアスで説明できる。こうした問題に強い関心を持つ学生が私の講義を選ぶのだから。私はレベッカ・ヘンダーソン教授と一緒に「資本主義を考え直す」というテーマの講義を8年続けており、この講義は大人気である。ハーバードでもどこでも、こうしたテーマに強い関心を抱かない学生は少ないのだろう。レベッカと私の講義を受けて卒業したハーバード大学のMBA所有者は2000人近くになる。我々のつくった教材で学んだ他大学の学生は10万~11万人にもなる。我々のハーバード大学の講義をもとにつくられた大学の講座は全世界に2000以上ある。

私や同僚の教授たちは、将来のCEOに教育をしているのだ。組織の最高責任者として舵取りをし、企業行動の最終的な結果責任を負う人々である。我々は未来のビジネスリーダーに、彼らのなすべきこと、できることを教え、彼らの選択がもたらす影響を知るための道具について教育せねばならない。こうした問題を理解せず、その大切さもわからないような学生を卒業させたら、その学生は最初からとてつもない競争上のハンデを背負って社会に出ることになると私は思う。21世紀のビジネスリーダーで、こうした問題を合理的に考える方法を知らない人がいたら、その人物は大成する見込みが大幅に下がるだろう。

この先40年間のキャリアを積むであろうリーダーの卵たちは、2050年代や2060年代にしのぎを削って競争することになる。その頃には二酸化炭素排出量は大幅に減っているだろう。私は授業で、フェイスブック(現メタ)のCEOマーク・ザッカーバーグが米上院議院で自分の会社の過ち(ユーザーデータの流出)について証言するビデオを学生たちに見せることがある。「この席に座りたくはないだろう?」と――。彼らは議会に呼び出され、自己弁護せざるを得ない状況になることがないように会社を経営しなければならない。教育者は、いずれ教え子が会社を動かすようになったとき、すべてのステークホルダーのために倫理的でサステナブルで責任感のある素晴らしい会社経営ができそうな人物にして社会に送り出す、という極めて大きな役割を担っているのだ。

❹ 政府の役割：情報環境を守る

政府の役割については、人によって大きく意見が異なる。私は1980～1990年代の混迷するギリシャで育った経験から、厳しい規制や政府管理には懐疑的だ。政府が民間のビジネスにどの程度介入して規制すべきかというテーマに関しては、激しい意見対立があることは承知している。おそらく100年後も今とあまり変わらぬテーマで議論しているだろう。それでも、一部のテーマについては議論を避けてはならないと私は思う。レベッカ・ヘンダーソンは、最悪の事態を避けるために政府による炭素税が必要であると理路整然と説いた。私は全面的に彼女に賛成だが、ここでは別のテーマ、本書を通して触れてきたテーマについて述べたい。

それは情報環境についてだ。政府が我々の社会における情報環境の信頼性をきちんと保護することは極めて重要である。世界に役立つ善行が経済的にも報われるというニューアラインメントの前提となるのが情報である。情報のおかげで、人々は自分の選好を正しく反映した行動を取れ、経済を動かす選択ができる。今、我々は偽情報や情報過多、フェイクニュースなどの問題に直面し、最も基本的な事実についてさえコンセンサスを得るのが次第に困難になりつつある。

これは、本書で私が取り上げたことすべてにとって好ましくない。もし私が何か1つしか主張できないとしたら、私は政府に情報の信頼性を確保するよう訴えたい。投資家、消費者、従業員、市民が信頼できる情報を得られるようにしてほしい。本書で述べてきた「善行を評価する新しい分析手法」は、正確な情報が人々に伝わり、理解されなければ機能しない。極めて単純な話である。

未来への希望

私の教え子が今座っている席に私自身が座っていたのはそれほど昔のことではない。その頃の私は、この先の人生で何をするのだろう、どんな仕事に就くのだろうと考えていた。何か世界に役立つことができるのだろうか、と——。前に述べた通り、最初の仕事は保険会社の分析と評価だった。今の私が取り扱うテーマのいずれとも何の関係もない。当時はまず自分の生活費を稼ぐことを第一に考えていたし、仕事人生で良いスタートを切りたかったのだ。

　仕事を変え、本書で扱うようなテーマを研究するようになって、初めて気づいた。私はもっと大きなテーマについて考えたかったのだ。世界にインパクトを与えるような企業を設立し、他人の生活にプラスの影響を及ぼすにはどうすればいいのかを知りたかった。自分が日々の大半を過ごすことになるであろう場所、自分がこの世界に生み出すであろうものについて、自分で選択できる力を持ちたかった。発言力を持ちたかった。誰もがそうした力を持ちたいと願う。自分の信じるものを守るための発言力を持ちたいと思う。自分は世の中に貢献できていると信じたいのだ。本書はまさにそのための本である。あなたが生み出せるインパクトをきちんと知るための道具を本書が提供できたと願いたい。我々はみな、日々の選択と行動を通して毎日インパクトを生み出している。そのことを理解する手助けに本書がなれたとすれば幸いである。

　この本を執筆中に、ある意味で私のキャリアが一周して元に戻るようなことがあった。まさに私がキャリアを開始した場所、保険業界の世界的リーダーであるリバティ・ミューチュアル・グループ（米大手損保）の取締役を先日引き受けたのだ。同社は革新的な挑戦や家財道具に保険を提供することで、何百万人という人々が安心してイノベーションに取り組んだりリスクを負ったりできるようにしている。私に声をかけた理由は、ＥＳＧ関連の事業を進め、世界に与えるインパクトを向上させたいと同社が強く思ったからだ。彼らは本気である。そして、前述の通り、本気であることは決定的に重要な最初の一歩である。

本書を読んで、環境・社会問題が企業にとって重要であること、私たち全員が世の中を変える力を持っていること、世界が正しい道を歩き続けるよう真剣に考えなければいけないことに読者が気づいてくれたら嬉しい。我々はかつてないほどの情報を手に入れ、かつてないほどの知る機会を得た。今こそ、その知識を行動に変えるべきときだ。そして、パーパスと利益についての分析を駆使して、可能な限り我々と地球にとって良いことを生み出していくべきときだ。今から50年後、企業が人間と地球に対して一定の義務を負っていることを疑う人は1人もおらず、今の経営者にとっての損益数値と同じように当たり前のものとなっていることを願う。我々の周囲にある最も緊迫した問題に見事に対応し、より大きく大事な問題に取り組み、新しい評価基準や新しい社会常識を生み出していることを願う。そして、みなさんがそのような進歩に欠かせない貢献をしていることを願う。

謝辞

この本は長年にわたる努力の結果である。執筆の大変さだけでなく、本書に至るまでの研究や思考、そしてそこに含まれるアイデアを生み出すための努力も含まれる。

私がかつて学び、今は教えているハーバード・ビジネス・スクールから、甚大な支援を得られたことは幸いであった。現学長のスリカント・ダタールとかつての学長ニティン・ノーリアの両氏は、私が思考を深める際に甚大な助けとなり、ほぼ誰も私のアイデアに耳を傾けなかった頃から甚大なる信頼を寄せてくれた。今でもはっきり覚えている。当時まだ助教授だった私がニティンのオフィスにいたとき、彼は紙とペンを取り出すと「君の研究はつまりこういうことだ」と簡単な図を描いた。私はその図を今も持ち歩いている。

スリカントからも負けず劣らずの影響を受けた。この本に書いたような類いの研究をもっと進めるようハッパをかけ、逆風に負けず初志貫徹するよう励ましてくれた。こうしたアイデアがどうすれば世界中の企業に役立つようになるか、何時間も議論に付き合ってくれた。

本書では、次に挙げるような学者仲間との共同研究の話が何度も出てくる。イオアニス・イオアヌ、クローディン・ガーテンバーグ、レベッカ・ヘンダーソン、ロバート・エクルス、ポール・ヒーリー、ジョディ・グレウォール、アーロン・ユーン、モー・カーン、エドワード・リードル、ボリス・グロイスバーグの各教授だ。彼らがいなければ、本書で紹介した研究のほとんどは実現できなかっただろう。イオアニスとクラウディーネにはハーバード大学の博士課程時代に出会った。それ以来2人は素晴らしい友人であり研究仲間である。レベッカは私に、真に偏見がなく、親切で寛大な人とはどういうものかを教えてくれた。「資本主義を考え直す」というハーバード大学の講義で共に教師を務めたとき、彼女はハーバード大学の教授であり、私は新米の准教授だったというのに、まったく同格に私を扱い、歓迎してくれた。今でも大変感謝している。そして、もう1人大きな感謝を捧げたい人物はロバートだ。計り知れないパワーを持つ彼は、社会を変えるという確固たる意思と力で、企業報告書の分野を大きく前進させた。また、ポールの助言とメンターを受けたからこそ、私は博士課程修了後にハーバード大学に、そして米国にとどまろうという気になった。彼のオフィスのドアはいつも私に開かれていた。それが学者としての成長にどれだけ役立ったことか。

何年もの間、フィードバックや提案をしてくれた多数の同僚にも感謝を述べたい。彼らと数え切れないほどの議論をしてきたが、そのうちのいくつかはここで紹介する価値があると思う。クリシュナ・パレプ教授はこの10年、私のメンターを務めている。驚くほどの知的な厳格さと明瞭さが、私を学者として成長させてくれた。

ロバート・キャプラン、マーク・クラマー、ヴィクラム・ガンジー、イーサン・ルーアン、ジュリー・バティラナ、ハワード・コウ、ペーター・トゥファノ、コリン・メイヤー、アミール・アメル＝ザデー、アイエシャ・デイ、シコ・シコチ、デイン・クリステンセン、ヴェンカト・クプスワミー、ファブリツィオ・フェリ、ランジェイ・グラティ、ロヒット・デシュパンデ、マイケル・トッフェル、エイミー・エドモンドソンの各教授はみな、本書で扱うようなテーマについての研究や協業や議論を通して私の考えを形づくった。

さらに、本書で紹介した仕事仲間やさまざまな取り組みの実践者たちと、私はこの旅路のあちこちで協力してきた。彼らにも感謝の言葉を述べなければならない。ロナルド・コーエン卿、レイニール・インダール、ジーン・ロジャース、ジョン・ストイアー、そしてデイビッド・ブラッド——。私は彼ら一人ひとりから多くを学んだ。世界にプラスのインパクトを与えるとはどういうことなのか、自分のすべての行いで優れた成果を出すとはどういうことなのかを。

ＫＫＳアドバイザーズの共同創業者、サキス・コツァントニスにも特別の謝意を示したい。彼がいなければ、私が仕事から得る楽しさと充実感は半減していただろう。サキスはたんなる仕事仲間というよりも、親友であり兄弟だ。ＫＫＳのすべての社員にも多くの感謝を伝えたい。彼らは学術的なアイデアを実践に移し、研究と行動の好循環を生み出してくれた。とりわけ、ティナ・パサラーニ、トーマス・コブティ、ニクラス・パープに感謝する。

また、同様の感謝をステート・ストリート・アソシエイツのチームにも。とりわけ、ウィル・キンロー、ステイシー・ワン、アレックス・チーマ＝フォックス、デイビッド・ターキントン、そしてブリジット・リアルミュート＝ラペーラに。そして、インパクト加重会計イニシアティブ（ＩＷＡＩ）のデイビッド・フライバーグ、カティ・トリーン、カティ・パネーラ。ロバート・ゾチョウスキー、ＤＧ・パークにも感謝したい。このチームは、ロナルド・コーエン卿のビジョンと信念と共に、インパクト透明性を大きく前進させた。

エリク・オズムンセン、ジャリド・ティングル、ティファニー・ファム、イルハン・カドリ、マヌエル・ピニュエラ、ヒロ・ミズノ（水野弘道）、ケイシー・クラーク、エヴァン・グリーンフィールド、クリス・ピニー、ピーター・ケルナー、クララ・バービー、トレーシー・パランジャン、ジョナサン・ベイリー、ミッケル・ラーセン、サラ・ウィリアムソン、アマンダ・リシュビース、ティム・デュン、トニー・デイビス、クラリッサ・ハウプトマン、その他、本書に登場する多くの人々や私の学生と私に重要な問題について話してくれた人々にも感謝したい。彼らの行動とリーダーシップは、さらなる高みを目指すよう私を鼓舞して背中を押してくれた。さらに、この本に着手するよう励ましてくれた友人、マイク・ヘイズにも大きな感謝を。そして同じ感謝の念を、長年の教え子たち数千人にも。彼らのキャリアアップ、彼らのストーリー、彼らの行動は日々世界を変えつつある。

アンソニー・マッテロおよびCAAの彼のチーム、ティム・バーガードおよびハーパーコリンズ・リーダーシップのみなさんにも感謝する。彼らの助力で本書が実現できた。そして、多数の研究と経験をもとに原稿の推敲を助けてくれたジェレミー・ブラックマンに謝意を述べたい。

良き友であるディミトリス・コレリス、ガブリエル・カラゲオリオウ、ディミトリス・バロメノス、そしてエフシミオス・ニコロポウロスにも感謝する。何千マイルも離れて暮らしているのに彼らがずっと親しい友達でいてくれるおかげで、世界が狭く感じられる。父と母、パナヨティスとナフシカ・セラフェイムは私のお手本であり、自分が成し遂げたことすべてについて永遠に2人に感謝する。両親の支えと愛がなければ何一つできなかっただろう。同じだけの感謝を姉のイオアナ・セラフェイムにも。私が本当に辛いとき、すべてを投げ捨てていつも私のことを最優先にしてくれた。姉がいなければ、きっとなんとかなると信じてギリシャを飛び出し、まずはロンドンへ、そして最終的にボストンにまで行き着くことは決してなかった。

最後に、妻のナタリー・テヘーロ＝セラフェイムと彼女の家族、トニー、ヒルダ、ジョシュ、ヒルディにお礼を述べる。ナタリーと出会った瞬間、私は自分の半身を見つけたことを知った。ナタリーはあらゆる面で私をより良き人間にしてくれた。もしこの本が読者の期待を少しでも上回るものであるとすれば、それは彼女が初期の草稿を読んで客観的かつ長い意見を述べてくれたことと、彼女の愛のおかげである。

- George Serafeim. "ESG Returns Eventually Will Win Over Critics." *Barron's* (March 1, 2019).
- George Serafeim. "How Index Funds Can Be a Positive Force for Change." *Barron's* (October 12, 2018).
- George Serafeim. "Investors as Stewards of the Commons?" *Journal of Applied Corporate Finance* 30, no. 2 (Spring 2018): 8–17.
- George Serafeim. "Public Sentiment and the Price of Corporate Sustainability." *Financial Analysts Journal* 76, no. 2 (2020): 26–46.
- George Serafeim. "The Fastest-Growing Cause for Shareholders Is Sustainability." *Harvard Business Review* (website) (July 12, 2016).
- George Serafeim and David Freiberg. "Summa Equity: Building Purpose-Driven Organizations." Harvard Business School Case 118-028, November 2017. (Revised April 2019.)
- George Serafeim and Mark Fulton. "Divestment Alone Won't Beat Climate Change." *Harvard Business Review* (website) (November 4, 2014).
- George Serafeim and Sakis Kotsantonis. "ExxonMobil's Shareholder Vote Is a Tipping Point for Climate Issues." *Harvard Business Review* (website) (June 7, 2017).
- George Serafeim, Shiva Rajgopal, and David Freiberg. "ExxonMobil: Business as Usual? (A)." Harvard Business School Case 117-046, February 2017. (Revised June 2017.)
- George Serafeim, Shiva Rajgopal, and David Freiberg. "ExxonMobil: Business as Usual? (B)." Harvard Business School Supplement 117-047, February 2017. (Revised June 2017.)

◉第8章

- George Serafeim. "4 Ways Managers Can Exercise Their 'Agency' to Change the World:" https://hbswk.hbs.edu/item/4-ways-managers-can-exercise-their-agency-to-change-the-world.
- George Serafeim and David Freiberg. "Turnaround at Norsk Gjenvinning (B)." Harvard Business School Supplement 118-033, October 2017.
- George Serafeim and Shannon Gombos. "Turnaround at Norsk Gjenvinning (A)." Harvard Business School Case 116-012, August 2015. (Revised October 2017.)

◉結論

- Ethan Rouen and George Serafeim. "Impact-Weighted Financial Accounts: A Paradigm Shift." *CESifo Forum* 22, no. 3 (May 2021): 20–25.

- George Serafeim and David Freiberg. "JetBlue: Relevant Sustainability Leadership (A)." Harvard Business School Case 118-030, October 2017. (Revised October 2018.)
- George Serafeim and David Freiberg. "JetBlue: Relevant Sustainability Leadership (B)." Harvard Business School Supplement 119-044, October 2018.
- George Serafeim and David Freiberg. "Turnaround at Norsk Gjenvinning (B)." Harvard Business School Supplement 118-033, October 2017.
- George Serafeim and Shannon Gombos. "Turnaround at Norsk Gjenvinning (A)." Harvard Business School Case 116-012, August 2015. (Revised October 2017.)
- George Serafeim and Aaron Yoon. "Stock Price Reactions to ESG News: The Role of ESG Ratings and Disagreement." *Review of Accounting Studies*, forthcoming (2022).
- George Serafeim and Aaron Yoon. "Which Corporate ESG News Does the Market React To?" *Financial Analysts Journal* 78, no. 1 (2022): 59–78.

◉第6章

- Robert G. Eccles, George Serafeim, and Shelley Xin Li. "Dow Chemical: Innovating for Sustainability." Harvard Business School Case 112-064, January 2012. (Revised June 2013.)
- George Serafeim. "Social-Impact Efforts That Create Real Value." *Harvard Business Review* 98, no. 5 (September–October 2020): 38–48. (邦訳「ESG戦略で競争優位を築く方法」『DIAMONDハーバード・ビジネス・レビュー』2021年1月号)。
- George Serafeim. "The Type of Socially Responsible Investments That Make Firms More Profitable." *Harvard Business Review* (website) (April 14, 2015).

◉第7章

- Amir Amel-Zadeh and George Serafeim. "Why and How Investors Use ESG Information: Evidence from a Global Survey." *Financial Analysts Journal* 74, no. 3 (Third Quarter 2018): 87–103.
- Rohit Deshpandé, Aiyesha Dey, and George Serafeim. "BlackRock: Linking Purpose to Profit." Harvard Business School Case 120-042, January 2020. (Revised July 2020.)
- Rebecca Henderson, George Serafeim, Josh Lerner, and Naoko Jinjo. "Should a Pension Fund Try to Change the World? Inside GPIF's Embrace of ESG." Harvard Business School Case 319-067, January 2019. (Revised February 2020).
- Ioannis Ioannou and George Serafeim. "The Impact of Corporate Social Responsibility on Investment Recommendations: Analysts' Perceptions and Shifting Institutional Logics." *Strategic Management Journal* 36, no. 7 (July 2015): 1053–1081.
- Mindy Lubber and George Serafeim. "3 Ways Investors Can Pressure Companies to Take Sustainability Seriously." *Barron's* (June 23, 2019).
- Michael E. Porter, George Serafeim, and Mark Kramer. "Where ESG Fails." *Institutional Investor* (October 16, 2019).
- Christina Rehnberg, George Serafeim, and Brian Tomlinson. "Why CEOs Should Share Their Long-Term Plans with Investors." *Harvard Business Review* (website) (September 19, 2018).
- George Serafeim. "Can Index Funds Be a Force for Sustainable Capitalism?" *Harvard Business Review* (website) (December 7, 2017).

- Paul M. Healy and George Serafeim. "An Analysis of Firms' Self-Reported Anticorruption Efforts." *Accounting Review* 91, no. 2 (March 2016): 489–511.
- Paul M. Healy and George Serafeim. "How to Scandal-Proof Your Company." *Harvard Business Review* 97, no. 4 (July–August 2019): 42–50.
- Paul M. Healy and George Serafeim. "Who Pays for White-Collar Crime?" Harvard Business School Working Paper, No. 16-148, June 2016.
- George Serafeim, "Facebook, BlackRock, and the Case for Purpose-Driven Companies." *Harvard Business Review* (website) (January 16, 2018).
- George Serafeim, "The Role of the Corporation in Society: An Alternative View and Opportunities for Future Research." Harvard Business School Working Paper, No. 14-110, May 2014.

◉第5章

- Francois Brochet, Maria Loumioti, and George Serafeim. "Speaking of the Short-Term: Disclosure Horizon and Managerial Myopia." *Review of Accounting Studies* 20, no. 3 (September 2015): 1122–1163.
- Beiting Cheng, Ioannis Ioannou, and George Serafeim. "Corporate Social Responsibility and Access to Finance." *Strategic Management Journal* 35, no. 1 (January 2014): 1–23.
- Robert G. Eccles, Ioannis Ioannou, and George Serafeim. "The Impact of Corporate Sustainability on Organizational Processes and Performance." (pdf) *Management Science* 60, no. 11 (November 2014): 2835–2857.
- Ioannis Ioannou, Shelley Xin Li, and George Serafeim. "The Effect of Target Difficulty on Target Completion: The Case of Reducing Carbon Emissions." *Accounting Review* 91, no. 5 (September 2016).
- Robert G. Eccles, George Serafeim, and Shelley Xin Li. "Dow Chemical: Innovating for Sustainability." Harvard Business School Case 112-064, January 2012. (Revised June 2013.)
- David Freiberg, Jody Grewal, and George Serafeim. "Science-Based Carbon Emissions Targets." Harvard Business School Working Paper, No. 21-108, March 2021.
- David Freiberg, Jean Rogers, and George Serafeim. "How ESG Issues Become Financially Material to Corporations and Their Investors." Harvard Business School Working Paper, No. 20-056, November 2019. (Revised November 2020.)
- Jody Grewal and George Serafeim. "Research on Corporate Sustainability: Review and Directions for Future Research." (pdf) *Foundations and Trends® in Accounting* 14, no. 2 (2020): 73–127.
- Ioannis Ioannou and George Serafeim. "Corporate Sustainability: A Strategy?" Harvard Business School Working Paper, No. 19-065, January 2019. (Revised April 2021.)
- Ioannis Ioannou and George Serafeim. "Yes, Sustainability Can Be a Strategy." *Harvard Business Review* (website) (February 11, 2019).（邦訳「持続可能性の取り組みは「戦略」になりうるのか」DHBRオンライン、2019年3月27日）。
- Kathy Miller and George Serafeim. "Chief Sustainability Officers: Who Are They and What Do They Do?" Chap. 8 in *Leading Sustainable Change: An Organizational Perspective*, edited by Rebecca Henderson, Ranjay Gulati, and Michael Tushman. Oxford University Press, 2015.

Green." *Harvard Business Review Blogs* (May 15, 2013).

- Robert G. Eccles, George Serafeim, and Beiting Cheng. "Foxconn Technology Group (A)." Harvard Business School Case 112–002, July 2011. (Revised June 2013.)
- Robert G. Eccles, George Serafeim, and Beiting Cheng. "Foxconn Technology Group (B)." Harvard Business School Supplement 112-058, November 2011. (Revised February 2012.)
- Jody Grewal, Clarissa Hauptmann, and George Serafeim. "Material Sustainability Information and Stock Price Informativeness." *Journal of Business Ethics* 171, no. 3 (July 2021): 513–544.
- Jody Grewal and George Serafeim. "Research on Corporate Sustainability: Review and Directions for Future Research." (pdf) *Foundations and Trends® in Accounting* 14, no. 2 (2020): 73–127.
- Ioannis Ioannou and George Serafeim. "The Consequences of Mandatory Corporate Sustainability Reporting." In *The Oxford Handbook of Corporate Social Responsibility: Psychological and Organizational Perspectives*, edited by Abagail McWilliams, Deborah E. Rupp, Donald S. Siegel, Günter K. Stahl, and David A. Waldman, 452–489. Oxford University Press, 2019.
- Sakis Kotsantonis and George Serafeim. "Four Things No One Will Tell You About ESG Data." Journal of *Applied Corporate Finance* 31, no. 2 (Spring 2019): 50–58.
- Ethan Rouen and George Serafeim. "Impact-Weighted Financial Accounts: A Paradigm Shift." *CESifo Forum* 22, no. 3 (May 2021): 20–25.
- George Serafeim, Vincent Dessain, and Mette Fuglsang Hjortshoej. "Sustainable Product Management at Solvay." Harvard Business School Case 120-081, February 2020.
- George Serafeim and Jody Grewal. "ESG Metrics: Reshaping Capitalism?" Harvard Business School Technical Note 116-037, March 2016. (Revised April 2019.)
- George Serafeim and Katie Trinh. "A Framework for Product Impact-Weighted Accounts." Harvard Business School Working Paper, No. 20-076, January 2020.
- George Serafeim, T. Robert Zochowski, and Jennifer Downing. "Impact-Weighted Financial Accounts: The Missing Piece for an Impact Economy." (pdf) White Paper, Harvard Business School, Boston, September 2019.

◉第4章

- Alex Cheema-Fox, Bridget LaPerla, George Serafeim, and Hui (Stacie) Wang. "Corporate Resilience and Response During COVID-19." *Journal of Applied Corporate Finance*. 2021.
- Robert G. Eccles, George Serafeim, and James Heffernan. "Natura Cosméticos, S.A." Harvard Business School Case 412-052, November 2011. (Revised June 2013.)
- Claudine Gartenberg and George Serafeim. "181 Top CEOs Have Realized Companies Need a Purpose Beyond Profit." *Harvard Business Review* (website) (August 20, 2019). (邦訳「米国トップ企業の経営者181人が株主資本主義との決別を宣言」DHBRオンライン、2019年9月11日)。
- Boris Groysberg, Eric Lin, and George Serafeim. "Does Corporate Misconduct Affect the Future Compensation of Alumni Managers?" Special Issue on Employee Inter- and Intra-Firm Mobility. *Advances in Strategic Management* 41 (July 2020).
- Boris Groysberg, Eric Lin, George Serafeim, and Robin Abrahams. "The Scandal Effect." *Harvard Business Review* 94, no. 9 (September 2016): 90–98.

参考文献

本書で取り上げるテーマは、過去10年以上にわたり、私がさまざまな同僚と共に行ってきた研究から生まれたものである。主要なトピックの詳細については以下を参照のこと。本文で引用箇所に特に注は付けてはいない。ただし、他の人の研究や私が貢献した研究以外の情報源による箇所については、本文中で言及しつつ以下に列挙した。

◉序章

- Alex Cheema-Fox, Bridget LaPerla, George Serafeim, and Hui (Stacie) Wang. "Corporate Resilience and Response During COVID-19." *Journal of Applied Corporate Finance*. 2021.
- Ioannis Ioannou and George Serafeim. "The Impact of Corporate Social Responsibility on Investment Recommendations: Analysts' Perceptions and Shifting Institutional Logics." *Strategic Management Journal* 36, no. 7 (July 2015): 1053–1081.
- Mozaffar Khan, George Serafeim, and Aaron Yoon. "Corporate Sustainability: First Evidence on Materiality." *Accounting Review* 91, no. 6 (November 2016).

◉第1章

- George Serafeim and David Freiberg. "Harlem Capital: Changing the Face of Entrepreneurship (A)." Harvard Business School Case 120-040, October 2019.
- George Serafeim and David Freiberg. "Harlem Capital: Changing the Face of Entrepreneurship (B)." Harvard Business School Supplement 120-041, October 2019.
- George Serafeim and David Freiberg. "Summa Equity: Building Purpose-Driven Organizations." Harvard Business School Case 118-028, November 2017. (Revised April 2019.)
- George Serafeim, Ethan Rouen, and Sarah Gazzaniga. "Redefining Mogul." Harvard Business School Case 120-043, March 2020. (Revised May 2020.)

◉第2章

- Claudine Gartenberg, Andrea Prat, and George Serafeim. "Corporate Purpose and Financial Performance." *Organization Science* 30, no. 1 (January–February 2019): 1–18.
- Claudine Gartenberg and George Serafeim. "Corporate Purpose in Public and Private Firms." Harvard Business School Working Paper, No. 20-024, August 2019. (Revised July 2020.)
- George Serafeim and Claudine Gartenberg. "The Type of Purpose That Makes Companies More Profitable." *Harvard Business Review* (website) (October 21, 2016).

◉第3章

- Dane Christensen, George Serafeim, and Anywhere Sikochi. "Why Is Corporate Virtue in the Eye of the Beholder? The Case of ESG Ratings." *Accounting Review* 97, no. 1 (January 2022): 147–175.
- Ronald Cohen and George Serafeim. "How to Measure a Company's Real Impact." *Harvard Business Review* (website) (September 3, 2020). (邦訳「企業が社会と環境に与える「インパクト」をどう算出すべきか」DHBRオンライン、2020年10月29日)。
- Robert G. Eccles and George Serafeim. "Sustainability in Financial Services Is Not About Being

11. Decarbonization Advisory Panel, "Beliefs and Recommendations," April 2019, https://www.osc.state.ny.us/files/reports/special-topics/pdf/decarbonization-advisory-panel-2019.pdf.

12. Make My Money Matter website, https://makemymoneymatter.co.uk.

13. George Serafeim, "Investors as Stewards of the Commons?" *Journal of Applied Corporate Finance* 30, no. 2 (Spring 2018): 8–17, https://papers.ssrn.com/sol3/papers.cfm?abstract_id=3014952.

14. Cyrus Taraporevala, "Fearless Girl's Shattered Ceilings: Why Diversity in Leadership Matters," State Street Global Advisors, March 8, 2021, https://www.ssga.com/us/en/institutional/ic/insights/fearless-girls-shattered-ceilings-why-diversity-in-leadership.

◉第8章

1. Robert G. Eccles, Kathleen Miller Perkins, and George Serafeim, "How to Become a Sustainable Company," *MIT Sloan Management Review* 53, no. 4 (Summer 2012): 43–50, https://www.hbs.edu/ris/Publication%20Files/SMR_Article_EcclesMillerSerafeim_77d4247b-d715-447d-8e79-74a6ec893f40.pdf.

2. "We Were Coming Up Against Everything from Organized Crime to Angry Employees," Interview with Erik Osmundsen, *Harvard Business Review*, July–August 2019, https://hbr.org/2019/07/we-were-coming-up-against-everything-from-organized-crime-to-angry-employees.

3. 同上。

4. C. I. Barnard, *The Functions of the Executive* (Cambridge, MA: Harvard University Press, 1938).

5. P. Selznick, *Leadership in Administration: A Sociological Interpretation* (Evanston, IL: Row Peterson, 1957).

◉結論

1. "Danone: A Case Study in the Pitfalls of Purpose," *Financial Times*, https://www.ft.com/content/668d9544-28db-4ad7-9870-1f6671623ac5.

2. Amelia Lucas, "Chipotle Will Link Executive Compensation to Environmental And Diversity Goals," March 4, 2021, CNBC, https://www.cnbc.com/2021/03/04/chipotle-will-link-executive-compensation-to-environmental-and-diversity-goals.html; Kevin Orland, "CEO Pay Tied to ESG Sets Canadian Banks Apart from the Crowd," Bloomberg, March 18, 2021, https://www.bloomberg.com/news/articles/2021-03-18/ceo-pay-tied-to-esg-sets-canadian-banks-apart-from-the-crowd.

6. "Aluminum Cans—History, Development, and Market," AZO Materials, June 24, 2002, https://www.azom.com/article.aspx?ArticleID=1483.

7. Laura Parker, "The World's Plastic Pollution Crisis Explained," *National Geographic*, June 7, 2019, https://www.nationalgeographic.com/environment/article/plastic-pollution.

8. "The Toxic 100: Top Corporate Air Polluters in the United States, 2010," Infoplease, https://www.infoplease.com/math-science/earth-environment/the-toxic-100-top-corporate-air-polluters-in-the-united-states-2010.

9. "2020 Sustainability Report," Ball Corporation, https://www.ball.com/getmedia/b25d3346-b8ca-4e3f-9cce-562101dd8cd7/Ball-SR20-Web_FINAL.pdf.aspx.

10. Angelo Young, "Coca-Cola, Pepsi Highlight the 20 Corporations Producing the Most Ocean Pollution," *USA Today*, June 17, 2019, https://www.usatoday.com/story/money/2019/06/17/20-corporations-behind-the-most-ocean-pollution/39552009/.

11. "Clean Energy Group NextEra Surpasses ExxonMobil in Market Cap," *Financial Times*, October 2, 2020, https://www.ft.com/content/39a70458-d4d1-4a6e-aca6-1d5670bade11.

12. "Clean Growth," AES website, https://www.aes.com/sustainability/clean-growth-and-innovation.

◉第7章

1. "Frequently Asked Questions," Reenergize Exxon, https://reenergizexom.com/faqs/.

2. Shelley Vinyard, "Investors' Directive to P&G: Stop Driving Deforestation," NRDC, October 14, 2020, https://www.nrdc.org/experts/shelley-vinyard/investors-directive-pg-stop-driving-deforestation.

3. Climate Action 100+ website, https://www.climateaction100.org.

4. Rebecca Chapman and Gerald Nabor, "How Investors Can Support Circular Economy for Plastics: New Engagement Guidance," Principles for Responsible Investment, https://www.unpri.org.

5. Ioannis Ioannou and George Serafeim, "The Impact of Corporate Social Responsibility on Investment Recommendations: Analysts' Perceptions and Shifting Institutional Logics," *Strategic Management Journal* 36, no. 7 (July 2015), pp. 1053–1081, https://papers.ssrn.com/sol3/papers.cfm?abstract_id=1507874.

6. George Serafeim, "Public Sentiment and the Price of Corporate Sustainability," *Financial Analysts Journal* 76, no. 2 (2020), pp. 26–46, https://papers.ssrn.com/sol3/papers.cfm?abstract_id=3265502.

7. "Tailored Strategies," The Carlyle Group, 2018, https://www.carlyle.com/sites/default/files/reports/carlyleccr2018_0.pdf.

8. "Risks, Opportunities, and Investment in the Era of Climate Change," Harvard Business School, March 4, 2020, https://www.alumni.hbs.edu/events/invest20/Pages/default.aspx.

9. "Novartis Reinforces Commitment to Patient Access, Pricing a EUR 1.85 Billion Sustainability-Linked Bond," Novartis, September 16, 2020, https://www.novartis.com/news/media-releases/novartis-reinforces-commitment-patient-access-pricing-eur-185-billion-sustainability-linked-bond.

10. Mike Turner, "SLB Champion Enel Plans First Sterling Trade Using Structure," Global Capital, October 12, 2020, https://www.globalcapital.com/article/b1ns66gtysc8d4/slb-champion-enel-plans-first-sterling-trade-using-structure.

Charging Illegal Dues and Prohibiting Consumers from Canceling Memberships," press release, September 30, 2020, https://ag.ny.gov/press-release/2020/attorney-general-james-sues-new-york-sports-club-and-lucille-roberts-charging.

15. Tonya Riley, "WeWork Under Pressure as More Members Contract Coronavirus in Co-working Spaces," *Washington Post*, March 20, 2020, https://www.washingtonpost.com/technology/2020/03/20/wework-under-pressure-more-members-contract-coronavirus-co-working-spaces/.

16. Zack Beauchamp, "Brazil's Petrobras Scandal, Explained," Vox, March 18, 2016, https://www.vox.com/2016/3/18/11260924/petrobras-brazil.

17. David Segal, "Petrobras Oil Scandal Leaves Brazilians Lamenting a Lost Dream," *New York Times*, August 7, 2015, https://www.nytimes.com/2015/08/09/business/international/effects-of-petrobras-scandal-leave-brazilians-lamenting-a-lost-dream.html.

18. "Former Petrobras CEO Sentenced to 11 Years in Jail," AP, March 7, 2018, https://www.nytimes.com/2015/08/09/business/international/effects-of-petrobras-scandal-leave-brazilians-lamenting-a-lost-dream.html.

19. Siri Schubert and T. Christian Miller, "At Siemens, Bribery Was Just a Line Item," *New York Times*, December 20, 2008, https://www.nytimes.com/2008/12/21/business/worldbusiness/21siemens.html.

20. Sudip Kar-Gupta and Tim Hepher, "Airbus Faces Record $4 Billion Fine After Bribery Probe," January 27, 2020, Reuters, https://www.reuters.com/article/us-airbus-probe/airbus-faces-record-4-billion-fine-after-bribery-probe-idUSKBN1ZR0HQ.

21. Boris Groysberg, Eric Lin, and George Serafeim, "Does Corporate Misconduct Affect the Future Compensation of Alumni Managers?" Special Issue on Employee Inter- and Intra-Firm Mobility, *Advances in Strategic Management* 41 (July 2020), https://www.emerald.com/insight/content/doi/10.1108/S0742-332220200000041020/full/html.

◉第5章

1. David Freiberg, Jody Grewal, and George Serafeim, "Science-Based Carbon Emissions Targets," Harvard Business School Working Paper, No. 21-108, March 2021, https://papers.ssrn.com/sol3/papers.cfm?abstract_id=3804530.

2. "About Us," Vital Farms website, https://vitalfarms.com/about-us/.

3. オーリ・ゾハーへのインタビューより。

4. 同上。

◉第6章

1. Simon Mainwaring, "Purpose at Work: Warby Parker's Keys to Success," *Forbes*, December 1, 2020, https://www.forbes.com/sites/simonmainwaring/2020/12/01/purpose-at-work-warby-parkers-keys-to-success/?sh=3a6fc675dba7.

2. "2021 Global 100 Ranking," Corporate Knights, January 25, 2021, https://www.corporateknights.com/reports/2021-global-100/2021-global-100-ranking-16115328/.

3. "Ørsted's Renewable-Energy Transformation," Interview, McKinsey & Company, July 10, 2020.

4. 同上。

5. 同上。

Which Don't?" Pew Research Center, March 12, 2020, https://www.pewresearch.org/fact-tank/2020/03/12/as-coronavirus-spreads-which-u-s-workers-have-paid-sick-leave-and-which-dont/.

2. Richard Carufel, "Edelman's New Trust Barometer Finds CEOs Failing to Meet Today's Leadership Expectations," Agility PR Solutions, May 2, 2019, https://www.agilitypr.com/pr-news/public-relations/edelmans-new-trust-barometer-finds-ceos-failing-to-meet-todays-leadership-expectations/.

3. "Trust in Government: 1958–2015," Pew Research Center, November 23, 2015, https://www.pewresearch.org/politics/2015/11/23/1-trust-in-government-1958-2015; "Americans' Views of Government: Low Trust, but Some Positive Performance Ratings," Pew Research Center, September 14, 2020, https://www.pewresearch.org/politics/2020/09/14/americans-views-of-government-low-trust-but-some-positive-performance-ratings/.

4. "With No Time to Lose, Grupo Bimbo Takes the Lead on Sustainability," Baking Business, October, 14, 2019, https://www.bakingbusiness.com/articles/49587-with-no-time-to-lose-grupo-bimbo-takes-the-lead-on-sustainability.

5. Adrian Gore, "How Discovery Keeps Innovating," McKinsey & Company, June 2015, https://healthcare.mckinsey.com/how-discovery-keeps-innovating/.

6. Simon Mainwaring, "Why Purpose Is Paramount to Business and Branding Success: A Walmart Case Study," *Forbes*, August 18, 2017, https://www.forbes.com/sites/simonmainwaring/2017/08/18/why-purpose-is-paramount-to-business-and-branding-success-a-walmart-case-study/?sh=2cc3b73f69bb.

7. "Our Commitments," Natura website, https://www.naturabrasil.com/pages/our-commitments.

8. Anita M. McGahan and Leandro S. Pongeluppe, "There Is No Planet B: Stakeholder Governance That Aligns Incentives to Preserve the Amazon Rainforest," January 21, 2020, https://www.hbs.edu/faculty/Shared%20Documents/conferences/strategy-science-2021/30_Leandro%20Pongeluppe_There%20Is%20No%20Planet%20B%20Stakeholder%20Governance%20That%20Aligns%20Incentives%20To%20Preserve%20The%20Amazon%20Rainforest.pdf.

9. JUST Report, "The COVID-19 Corporate Response Tracker: How America's Largest Employers Are Treating Stakeholders Amid the Coronavirus Crisis," JUST Capital, https://justcapital.com/reports/the-covid-19-corporate-response-tracker-how-americas-largest-employers-are-treating-stakeholders-amid-the-coronavirus-crisis/.

10. 同上。

11. Richard Kestenbaum, "LVMH Converting Its Perfume Factories to Make Hand Sanitizer," *Forbes*, March 15, 2020, https://www.forbes.com/sites/richardkestenbaum/2020/03/15/lvmh-converting-its-perfume-factories-to-make-hand-sanitizer/?sh=fe2fc704a9a0#:~:text=LVMH%20announced%20today%20that%20it,to%20make%20hand%20sanitizer%20instead.&text=It%20is%20also%20justifying%20having,its%20employees%20coming%20to%20work.

12. "Zoom for Education," Zoom, https://zoom.us/education.

13. Alex Cheema-Fox, Bridget LaPerla, George Serafeim, and Hui (Stacie) Wang, "Corporate Resilience and Response During COVID-19," Harvard Business School Accounting & Management Unit Working Paper No. 20-108 (September 23, 2020), http://dx.doi.org/10.2139/ssrn.3578167.

14. Letitia James, "Attorney General James Sues New York Sports Club and Lucille Roberts for

33. Carol Cone, "10 Ways Purposeful Business Will Evolve in 2020," *Fast Company*, January 13, 2020, https://www.fastcompany.com/90450734/10-ways-purposeful-business-will-evolve-in-2020.

34. Claudine Gartenberg, Andrea Prat, and George Serafeim, "Corporate Purpose and Financial Performance," *Organization Science* 30, no. 1 (January–February 2019), pp. 1–18.

35. 同上。

36. Claudine Gartenberg and George Serafeim, "Corporate Purpose in Public and Private Firms," Harvard Business School Working Paper, No. 20-024, August 2019 (Revised July 2020), https://papers.ssrn.com/sol3/papers.cfm?abstract_id=3440281.

37. Tom Foster, "Do You Really Want Your Business to Go Public?" Inc., October 2015, https://www.inc.com/thomson-reuters/workforce-management-in-the-covid-19-era.html.

38. 36に同じ。

39. Vanessa C. Burbano, "Social Responsibility Messages and Worker Wage Requirements: Field Experimental Evidence from Online Labor Marketplaces," *Organization Science* 27, no. 4 (June 30, 2016), https://pubsonline.informs.org/doi/abs/10.1287/orsc.2016.1066; Vanessa C. Burbano, "Getting Gig Workers to Do More by Doing Good: Field Experimental Evidence from Online Platform Labor Marketplaces," *Organization & Environment* (June 24, 2019), https://papers.ssrn.com/sol3/papers.cfm?abstract_id=3405689.

◉第3章

1. Robert G. Eccles and George Serafeim, "Foxconn Technology Group (A) and (B) (TN)," Harvard Business School Teaching Note 413-055, August 2012 (Revised March 2013).

2. M. R. Wong, W. McKelvey, K. Ito, C. Schiff, J. B. Jacobson, and D. Kass, "Impact of a Letter-Grade Program on Restaurant Sanitary Conditions and Diner Behavior in New York City," *American Journal of Public Health* 105, no. 3 (2015), e81–e87. doi:10.2105/AJPH.2014.302404.

3. Melanie J. Firestone and Craig W. Hedberg, "Restaurant Inspection Letter Grades and Salmonella Infections, New York, New York, USA," *Emerging Infectious Diseases Journal* 24, no. 12 (December 2018), https://wwwnc.cdc.gov/eid/article/24/12/18-0544_article.

4. *TSC Indus. v. Northway, Inc.,* 426 U.S. 438, 449 (1976).

5. Robert G. Eccles and George Serafeim, "Sustainability in Financial Services Is Not About Being Green," *Harvard Business Review*, May 15, 2013, https://hbr.org/2013/05/sustainability-in-financial-services-is-not-about-being-green.

6. Jody Grewal, Clarissa Hauptmann, and George Serafeim, "Material Sustainability Information and Stock Price Informativeness," *Journal of Business Ethics* 171, no. 3 (July 2021), pp. 513–544, https://papers.ssrn.com/sol3/papers.cfm?abstract_id=2966144.

7. Lucy Handley and Sam Meredith, "Danone Hopes It's Blazing a Trail by Adopting a New Earnings Metric to Expose the Cost of Carbon Emission," CNBC, October 21, 2020, https://www.cnbc.com/2020/10/21/danone-adopts-earnings-metric-to-expose-the-cost-of-carbon-emissions.html.

8. 同上。

◉第4章

1. Drew Desilver, "As Coronavirus Spreads, Which U.S. Workers Have Paid Sick Leave—And

14. Atanas Shorgov, "How LinkedIn Learning Reached 17 Million Users in 4 Years," BetterMarketing, March 14, 2020.

15. Lauren Stewart, "How Coding Bootcamps Can Change the Face of Tech," Course Report, July 29, 2021, https://www.coursereport.com/blog/diversity-in-coding-bootcamps-report-2021.

16. "About B Corps," B Lab, https://bcorporation.net/about-b-corps#:~:text=Certified%20B%20Corporations%20are%20businesses,to%20balance%20profit%20and%20purpose.&text=B%20Corps%20form%20a%20community,as%20a%20force%20for%20good.

17. 同上。

18. Michael Thomas, "Why Kickstarter Decided to Radically Transform Its Business Model," Fast Company, April, 12, 2017, https://www.fastcompany.com/3068547/why-kickstarter-decided-to-radically-transform-its-business-model.

19. 同上。

20. "Citizen Verizon," Verizon, https://www.verizon.com/about/responsibility.

21. Justine Calma, "Amazon Employees Who Spoke Out About Climate Change Could Be Fired," The Verge, January 3, 2020, https://www.theverge.com/2020/1/3/21048047/amazon-employees-climate-change-communications-policy-job-risk.

22. Johana Bhuiyan, "How the Google Walkout Transformed Tech Workers into Activists," *Los Angeles Times*, November 6, 2019, https://www.latimes.com/business/technology/story/2019-11-06/google-employee-walkout-tech-industry-activism.

23. John Paul Rollert, "The Wayfair Walkout and the Rise of Activist Capitalism," *Fortune*, July 13, 2019, https://fortune.com/2019/07/13/wayfair-nike-employee-activism/.

24. Transcript, Merck & Co., Inc. at CECP CEO Investor Forum, February 26, 2020, Thomson Reuters Streetevents, https://s21.q4cdn.com/488056881/files/doc_downloads/transcripts/MRK-USQ_Transcript_2018-02-26.pdf.

25. 同上。

26. Leslie Gaines-Ross, "4 in 10 American Workers Consider Themselves Social Activists," Quartz, September 20, 2019, https://qz.com/work/1712492/how-employee-activists-are-changing-the-workplace/.

27. Johana Bhuiyan, "How the Google Walkout Transformed Tech Workers into Activists."

28. Paige Leskin, "Uber Says the #DeleteUber Movement Led to 'Hundreds of Thousands' of People Quitting the App," *Business Insider*, April 11, 2019, https://www.businessinsider.com/uber-deleteuber-protest-hundreds-of-thousands-quit-app-2019-4.

29. Stephie Grob Plante, "Shopping Has Become a Politiccal Act. Here's How It Happened," Vox, October 7, 2019, https://www.vox.com/the-goods/2019/10/7/20894134/consumer-activism-conscious-consumerism-explained.

30. Sarah Title, "What Ecommerce Brands Need to Know About Consumer Activism by Generation," Digital Commerce 360, July 27, 2020, https://www.digitalcommerce360.com/2020/07/27/what-ecommerce-brands-need-to-know-about-consumer-activism-by-generation/.

31. 29に同じ。

32. Kathy Gurchiek, "Employee Activism Is on the Rise," SHRM (Society for Human Resource Management), September 12, 2019, https://www.shrm.org/hr-today/news/hr-news/pages/employee-activism-on-the-rise.aspx.

13. 同上。

14. "Business Roundtable Redefines the Purpose of a Corporation to Promote 'An Economy That Serves All Americans,'" Business Roundtable, August 19, 2019, https://www.businessroundtable.org/business-roundtable-redefines-the-purpose-of-a-corporation-to-promote-an-economy-that-serves-all-americans.

15. David Savenije, "NRG CEO; Who's Going to Empower the American Energy Consumer?" March 27, 2014, Utility Dive.

16. Julia Pyper, "A Conversation with David Crane on Getting Fired from NRG and What's Next for His Energy Plans," GTM, April 29, 2014, https://www.greentechmedia.com/articles/read/a-conversation-with-david-crane.

17. NRG Energy, Progress: 2020 Sustainability Report, NRG Energy website, https://www.nrg.com/sustainability/progress.html.

18. Steve Jobs, "'You've got to find what you love,' Jobs says," Stanford University Commencement Address, June 12, 2005, https://news.stanford.edu/2005/06/14/jobs-061505/.

◉第2章

1. "Trend in Product Varieties (Number of Models) for Some Products in the USA," 2021, Springer Link website, https://link.springer.com/article/10.1057/dddmp.2013.34/tables/1.

2. "Different by Design," Aspiration website, https://www.aspiration.com/who-we-are/.

3. "Impact Report," Seventh Generation website, https://www.seventhgeneration.com/values/impact-reports.

4. "Impact Report 2019," Tesla website, https://www.tesla.com/ns_videos/2019-tesla-impact-report.pdf.

5. "Sustainability Report 2018," Oatly website.

6. Richard Feloni, "PepsiCo CEO Indra Nooyi's Long-Term Strategy Put Her Job in Jeopardy—But Now the Numbers Are in, and the Analysts Who Doubted Her Will Have to Eat Their Words," *Business Insider*, February 1, 2018, https://www.businessinsider.com/indra-nooyi-pepsico-push-for-long-term-value-2018-1.

7. Julie Creswell, "Indra Nooyi, PepsiCo C.E.O. Who Pushed for Healthier Products, to Step Down," *New York Times*, August 6, 2018, https://www.nytimes.com/2018/08/06/business/indra-nooyi-pepsi.html.

8. Jens Hainmueller and Michael J. Hiscox, "Buying Green? Field Experimental Test of Consumer Support for Environmentalism," Harvard University, December 2015, https://scholar.harvard.edu/files/hiscox/files/buying_green.pdf.

9. "Edelman Trust Barometer 2021," Edelman website, https://www.edelman.com/trust/2021-trust-barometer.

10. Virginia Commonwealth University, Department of Social Welfare, https://socialwelfare.library.vcu.edu/programs/housing/company-towns-1890s-to-1935/.

11. "Survey: More Workers Find Work-Life Balance by Embracing Work-Life 'Blending,'" Enterprise Holdings, February 6, 2020.

12. Joe Marino, "Must-Know Job Website Statistics (And How to Leverage Them)," Hueman, https://www.huemanrpo.com/blog/must-know-job-website-statistics.

13. 同上。

注

◉序章

1. Mozaffar Khan, George Serafeim, and Aaron Yoon, "Corporate Sustainability: First Evidence on Materiality," *Accounting Review* 91, no. 6 (November 2016), pp. 1697–1724, https://papers.ssrn.com/sol3/papers.cfm?abstract_id=2575912.
2. Alex Cheema-Fox, Bridget LaPerla, George Serafeim, and Hui (Stacie) Wang, "Corporate Resilience and Response During COVID-19," Harvard Business School Accounting & Management Unit Working Paper No. 20-108 (September 23, 2020), https://papers.ssrn.com/sol3/papers.cfm?abstract_id=3578167.

◉第1章

1. Erik Kirschbaum, "German Automakers Who Once Laughed on Elon Musk Are Now Starting to Worry," *Los Angeles Times*, April 19, 2016, https://www.latimes.com/business/autos/la-fi-hy-0419-tesla-germany-20160419-story.html.
2. "Tesla Market Cap Surpasses Next Five Largest Automotive Companies Combined," Reuters Events, January 7, 2021, https://www.reutersevents.com/supplychain/technology/tesla-market-cap-surpasses-next-five-largest-automotive-companies-combined.
3. Amanda Keating, "Microsoft CEO Satya Nadella Shares What He's Learned About Stakeholder Capitalism as the Head of America's Most JUST Company," JUST Capital, November 5, 2020, https://justcapital.com/news/microsoft-ceo-satya-nadella-shares-leadership-lessons-on-stakeholder-capitalism/.
4. 同上。
5. Connie Guglielmo, "Microsoft's CEO on Helping a Faded Legend Find a 'Sense of Purpose,'" CNET, August 20, 2018, https://www.cnet.com/news/microsofts-ceo-on-helping-a-faded-legend-find-a-sense-of-purpose/.
6. Milton Friedman, "A Friedman Doctrine—The Social Responsibility of Business Is to Increase Its Profits," *New York Times*, September 13, 1970, https://www.nytimes.com/1970/09/13/archives/a-friedman-doctrine-the-social-responsibility-of-business-is-to.html.
7. George Serafeim and David Freiberg, "Harlem Capital: Changing the Face of Entrepreneurship (A)," Harvard Business School Case 120-040, October 2019, https://store.hbr.org/product/harlem-capital-changing-the-face-of-entrepreneurship-a/120040?sku=120040-PDF-ENG.
8. Paul Polman, "Full Speech: Paul Polman at the SDG Business Forum 2019," October 7, 2019, https://www.youtube.com/watch?v=JJEmG5q3m4A (video).
9. 同上。
10. Unilever Annual Report, https://www.unilever.com/planet-and-society/sustainability-reporting-centre/.
11. Unilever website, "About Our Strategy," https://www.unilever.co.uk/planet-and-society/our-strategy/about-our-strategy/#:~:text=Goal%3A%20By%202020%20we%20will%20enhance%20the%20livelihoods%20of%20millions,as%20we%20grow%20our%20business.&text=We%20have%20long%20known%20that,have%20evidence%20to%20prove%20this.
12. "Unilever's Purpose-Led Brands Outperform," Unilever, November 6, 2019, https://www.unilever.com/news/press-releases/2019/unilevers-purpose-led-brands-outperform.html.

著者について

ジョージ・セラフェイム(George Serafeim)

ハーバード・ビジネス・スクールのチャールズ M. ウィリアムズ記念講座教授。経営管理を担当。同ビジネス・スクールで最も若くして終身在職権(テニュア)を得た教授の一人である。ESG投資の世界的な権威。各国の政府要人やビジネス・リーダーなどを相手に世界の60を超える国々で研究発表を行ってきた。参加した会議には、世界経済フォーラムのダボス会議や、アスペン・アイデアズ・フェスティバル、ホワイトハウスで開催される経済動向に関する各種会議、米国証券取引委員会(SEC)、欧州委員会などが含まれる。SSRN(ソーシャル・サイエンス・リサーチ・ネットワーク:社会科学分野で世界最大級のオンライン学術研究データベース)上で1万2000人以上いるビジネス分野の著者のうち、最も読まれている著者のベスト10に入っている。

セラフェイムはいくつもの賞を受けている。ギリシャ共和国に対する貢献によりペリクレス・リーダーシップ・アワードを受賞したほか、企業パーパスやサステナビリティに関する研究や、ESG問題と事業戦略および投資との統合に関する研究などにより、オックスフォード大学の「責任あるリーダーシップに対するキム B. クラーク名誉研究員」や、リチャード A. クロウェル博士記念賞、グラハム・アンド・ドッド・スクロール賞など多数の表彰を受けている。

また、リーダーとしての活動では、サステナビリティ戦略のコンサルティング会社KKSアドバイザーズの共同創業者であり、世界最大級の受託信託銀行の一部門であるステート・ストリート・アソシエイツの学術パートナーも務める。さらに、フォーチューン100企業で世界有数の損害保険会社リバティ・ミューチャルと、従業員の健康・安全サービス分野では世界有数の業務コンサルティング会社dss+の両者で取締役を務めている。

それ以前は、株式市場と債券市場の管理運営主体であるアテネ証券取引所で運営委員として資本形成と金融効率化に努めた。また、ギリシャのコーポレートガバナンス会議の議長も務め、議長時代にはガバナンス実務と投資家保護と企業競争力を強化する新しいコーポレートガバナンス体系の作成に貢献した。

加えて、SASB(サステナビリティ会計基準審議会)発足時の基準審議に関わり、世界中の何百社もの主要企業が採用するサステナビリティ情報開示の標準化を通して、全世界の企業の透明性向上にも貢献した。また、2021年の英国G7サミットで設立されたITF(インパクト・タスクフォース)のワーキンググループにも参加している。

［著者］
ジョージ・セラフェイム（George Serafeim）
ハーバード・ビジネス・スクールのチャールズ M. ウィリアムズ記念講座教授。経営管理を担当。ESG投資の世界的な権威である。

［訳者］
倉田幸信（くらた・ゆきのぶ）
1968年生まれ。早稲田大学政治経済学部卒。朝日新聞記者、週刊ダイヤモンド記者、DIAMONDハーバード・ビジネス・レビュー編集部を経て、2008年よりフリーランス翻訳者。主な訳書は『メルケル　世界一の宰相』（文藝春秋社）、『ザ・ワン・デバイス』（ダイヤモンド社）など

PURPOSE+PROFIT パーパス＋利益のマネジメント

2023年7月4日　第1刷発行

著　者――ジョージ・セラフェイム
訳　者――倉田幸信
発行所――ダイヤモンド社
〒150-8409　東京都渋谷区神宮前6-12-17
https://www.diamond.co.jp/
電話／03·5778·7228（編集）　03·5778·7240（販売）
装丁・本文デザイン―遠藤陽一（DESIGN WORKSHOP JIN）
装丁画像――EireenZ/iStock.com
製作進行――ダイヤモンド・グラフィック社
印刷――――加藤文明社
製本――――ブックアート
編集担当――前澤ひろみ

ISBN 978-4-478-11720-0